高野山俯瞰

阿弥陀聖衆来迎図(国宝．有志八幡講十八ヵ院蔵)

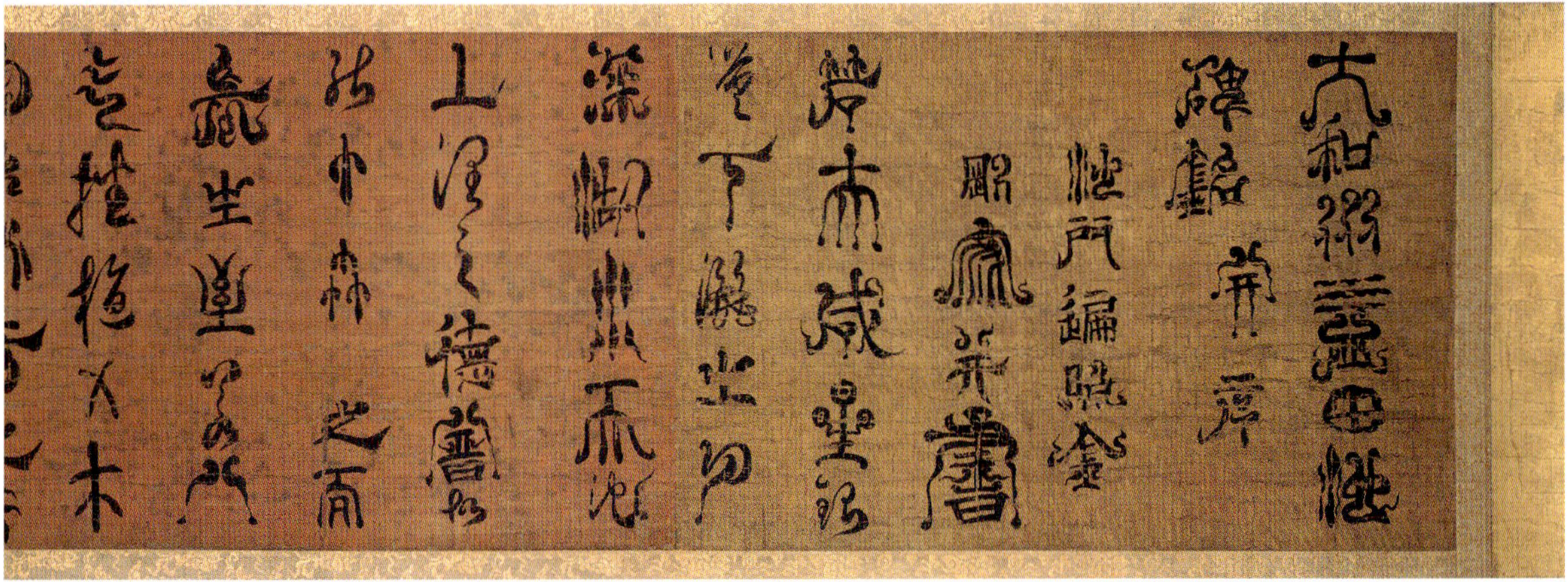

大和州益田池碑銘(重文．釈迦文院蔵)

奥之院参道

弘法大師・丹生高野両明神(重文．金剛峯寺蔵)

町石道

内談義

御最勝講

八大童子立像(国宝．金剛峯寺蔵)

高野山

松長有慶
Yukei Matsunaga

岩波新書
1508

目　次

【写真提供】
総本山金剛峯寺、高野山霊宝館、稲葉滋順、岩西彰真、永坂嘉光、
中村光観、林栄一、松長有慶、丸井弘亘

楊柳山
摩尼山
御廟
納骨堂
経蔵
祈親上人
燈籠堂
仙陵
英照皇太后
春日局
弥勒石
陸奥宗光
御廟の橋
玉川碑
水向地蔵
織田信長
筒井順慶
御供所
姑射山
僧契沖
紹鷗
虚子句碑
豊臣家
応其上人廟
中ノ峰
其角句碑
浅野内匠頭四十七士
尾上松之助
松平越前家石廟
仏号板碑秀忠夫人(一番碑)
円光大師
加賀前田家(三番碑)
千姫
崇源院
芭蕉句碑
江戸安政震災供養碑
阪神淡路大震災物故者慰霊塔
薩摩島津家
英霊殿
伊達安藝
公園墓地
広島浅野家(二番碑)
朝鮮役敵味方碑
東日本大震災物故者慰霊塔
見真大師廟
興教大師廟密厳堂
与謝野晶子歌碑
中の橋駐車場
大霊園
高野竜神スカイライン

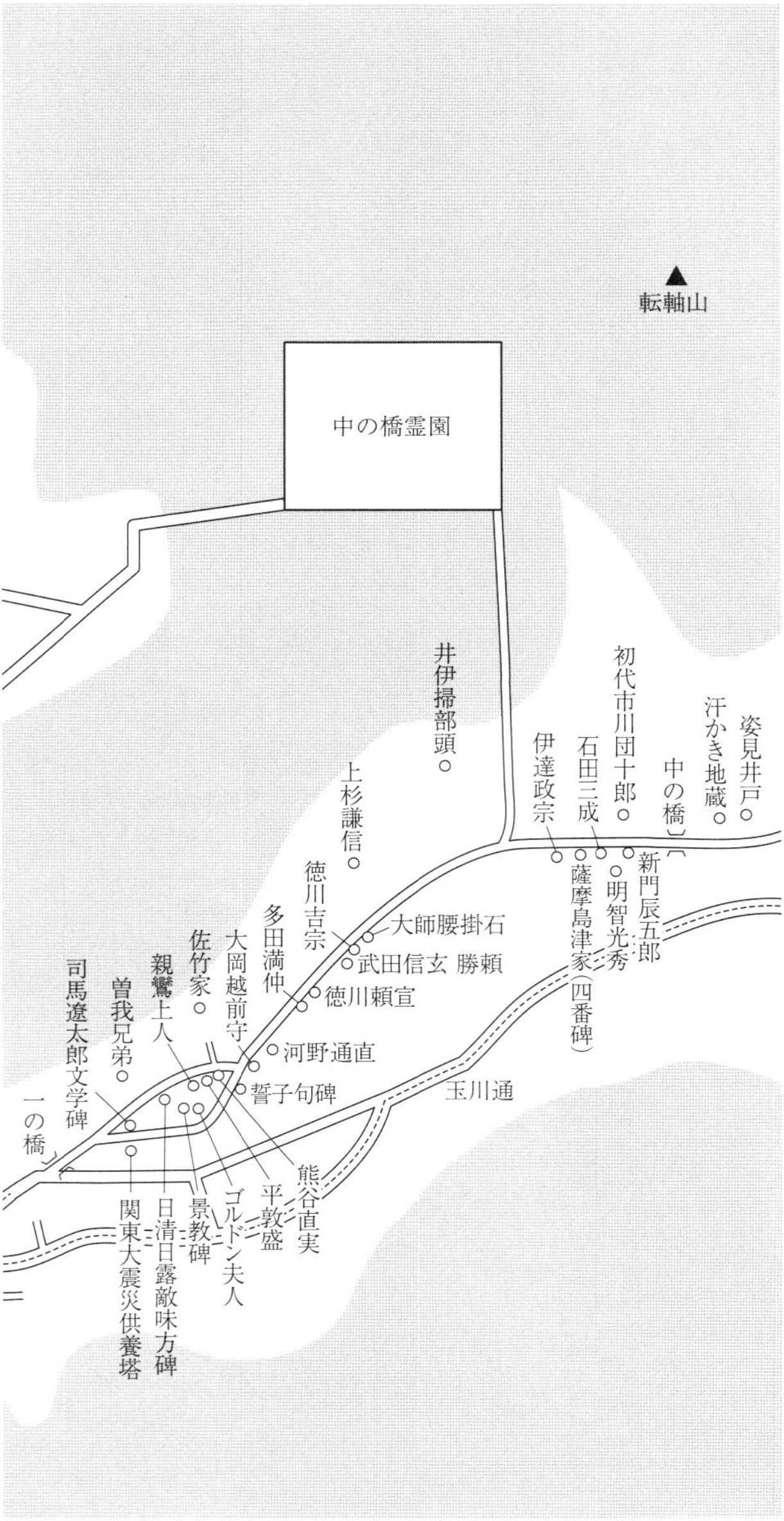

転軸山
中の橋霊園
井伊掃部頭
上杉謙信
初代市川団十郎
石田三成
伊達政宗
中の橋
汗かき地蔵
姿見井戸
新門辰五郎
明智光秀
薩摩島津家(四番碑)
徳川吉宗
大師腰掛石
武田信玄 勝頼
多田満仲
徳川頼宣
大岡越前守
佐竹家
親鸞上人
曽我兄弟
司馬遼太郎文学碑
河野通直
誓子句碑
玉川通
一の橋
熊谷直実
平敦盛
ゴルドン夫人
景教碑
日清日露敵味方碑
関東大震災供養塔

鉢伏山
道助親王
中学校
至神谷・橋本
鶯谷
補陀洛院
秀次墓
光台院
浪切不動
龍泉院
診療所
町役場
福智院
伝法院山
阿弥陀峰
警察署
西生院
本覚院
本王院
無量光院
金剛峯寺
一乗院
普門院
業ヶ峰
剣ヶ峰
六時の鐘
蓮花院
普賢院
千手院橋
大円院
成福院
摩尼塔
三宝院
遍照光院
地蔵院
蓮花三昧院
赤松院
清浄心院
案内所
高室院
高野山大学
小田原通
安養院
刈萱堂
宝善院
西門院
持明院
北室院
天徳院
図書館
恵光院
小学校
密厳院
美福門院御陵
不動院
熊谷寺
上池院
大明王院
公民館
光明院
明遍廟
金剛三昧院
宝珠山
円通律寺(真別所)

紀ノ川
至難波
九度山
真田庵
慈尊院
高野下
雨引山
丹生都比売神社
極楽橋
ケーブル
高野山駅
不動坂
清不動
女人堂
お竹地蔵
蓮華定院
巴陵院
弁天嶽
高等学校
西室院
源家三代墓
五坊寂静院
徳川家霊台
金輪塔
神応岳
心字池
瑜祇塔
正智院
宝城院
専修学院
宝寿院
南院
獅子ヶ岳
明王院
西禅院
覚法親王
大門
御社山
西塔
明神社
龍光院
親王院
勝蓮華院山
総持院
伽藍
大塔
金堂
西南院
今来峰
報恩院
桜地院
勧学院
増福院
大師教会
常喜院
宝亀院
成慶院
遍照尊院
霊宝館
浄菩提院跡
覚海廟
薬師院山
遍照丘
収蔵庫
成就院
釈迦文院
持明院山

はじめに　高野山の一日

寺院の勤行

後夜《ごや》の祈り

目の前にすっと一筋、香の煙が立ちのぼる。カサッ、カサッと山鳥の飛び交うような音が、ほんの少し前まで遠くのほうで聞こえていたような気もする。だがいまは静寂そのもの。大宇宙がかすかに鼓動しながら、わたしの身体をあますところなく包みこんでしまったようだ。

一間半四面*のちっぽけな本堂にひとり坐って、毎朝くりかえす勤行《ごんぎょう》のひとときである。香煙《こうえん》のかなたに、本尊の衣の襞《ひだ》がようやく見定められるまでになった。さきほどまでぼうっと二重の輪をつくって瞬いていた灯明《とうみょう》が、いまは色あせた。夜明けは近いようだ。

壇上の本尊とわたしとの間に交わされていた観想《かんそう》の輪が静かに解かれていく。集約してわたしの体内に凝縮されていた大宇宙の核が、すっと虚空《こくう》に消える。

大きく息をついた。湿気を含んだ底冷えが急に襲いかかる。低く真言を唱え、手でゆっくり印契《いんげい》を結び、そして解き、後半の供養《くよう》の儀礼をつぎつぎに進めていく。本尊と一つになろうと努めた快い疲労感の余韻《よいん》を味わいながら立ち上がり、灯明を消し、本堂の障子をそっと開いた。「六時の鐘」の堂舎から山を越えて聞こえてくる明け六つの鐘の低い響きが、腹の底におだやかに沈みこむ。今日もどんよりした高野曇りになるにちがいない。

弘法大師・空海に「後夜に仏法僧の鳥を聞く」と題する詩がある（『性霊集補闕抄《しょうりょうしゅうぶけつしょう》』巻第十）。

閑林《かんりん》に独り坐す　草堂《そうどう》の暁　三寶《さんぼう》の聲《こえ》　一鳥に聞こゆ
一鳥　聲有り　人　心有り　聲心雲水倶《せいしんうんすいとも》に了了《りょうりょう》たり

山奥の草堂にこもり、深い瞑想にふけっていた後夜、すなわち早朝に、仏法僧《ぶっぽうそう》と三宝の名をもって鳴く霊鳥の声が聞こえる。大自然のたたずまいと一体化したみずからの心情が、そのまま、この一編の詩に託されている。

山奥の夜明け。大自然が息吹をひそめてたたずむ深い静寂。そのしじまを破る三宝鳥の声。それを無意識の中で耳にして坐する修禅《しゅぜん》の人。それらをそのままに受け入れる心。空を翔ける雲。かたわらの谷川を流れ行く水。これらはみんな別々の存在である。だがそれらが見事に融けあって一つになったまま、知らないうちに時だけが過ぎていく。

天地万物、すべては形を異にしていても、原初の透明にすっぽりと包まれている。山川草木、人と鳥獣、虫も魚も、一切がっさい、それぞれの存在の基体を失い、永遠の生命の根源に還ってゆく。そこではもはや時間の単位も消え去っている。

瞑想、禅定《ぜんじょう》、瑜伽《ゆが》、それぞれ言葉はちがっていても、原点はおなじ。現実の肉体をもったまま時間と空間の制約をすべてとり去った、原初の一に融合することをいう。

高野山はこのような瞑想を行うための修禅の道場であった。それが少なくとも高野山の出発点であったことは確かである。

高野山の地形

高野山は海抜八五〇メートル前後の、東西六キロ、南北二キロ弱の盆地になっている。周囲がさらに高い山々に取り囲まれている地形から、高野山は内《ない》の八葉《はちよう》、外《げ》の八葉の蓮華《れんげ》の花びらのような峰々に取り囲まれた、この世の浄土であるという信仰が古くから伝えられてきた。

八葉の蓮華とは、真言密教の教理の精髄を絵画化した両部《りょうぶ》の曼荼羅《まんだら》のうち、胎蔵《たいぞう》曼荼羅の中央部にある中台八葉院《ちゅうだいはちょういん》の名に由来する。その八つの葉には、中央の花蘂《かずい》に坐す大日如来《だいにちにょらい》を取り囲んで、胎蔵の四如来(宝幢《ほうどう》、開敷華王《かいふけおう》、無量寿《むりょうじゅ》、天鼓雷音《てんくらいおん》)と四菩薩(普賢《ふげん》、文殊《もんじゅ》、観音《かんのん》、弥勒《みろく》)が配されている。

内の八葉は高野山の伽藍《がらん》周辺の比較的低い山々からなる。伝法院山、持明院山、中門前山(遍照丘)、薬師院山、御社山、神応岳(正智院山)、獅子ヶ岳(真言堂山)、勝蓮華院山とされるが、現在その名は一般にほとんど知られていない。

外の八葉は、西の弁天嶽と、東の弘法大師の廟所《びょうしょ》の北方に位置する摩尼《まに》、楊柳《ようりゅう》、転軸《てんじく》の三山などがその代表格で、そのほか今来峰、宝珠山、鉢伏山、姑射山がある。これら海抜一〇〇〇メートル近くの山々が聖地をすっぽり取り囲む。

かつてこれらの峰を越えて、高野山に入る道は七つ数えられた。高野七口《こうやななくち》という。これら七通りの道の変遷については、「第五章　高野山の今昔」に詳述をゆずる。

これら七口に代わって、現在主要な道路として、鉄道が一本、自動車道が二本通じている。

鉄道は南海電鉄の高野線が山まで通じている。大阪の難波から南下し、紀ノ川との出会いに位置する橋本駅で、JR和歌山線と交差し、それ以降は山岳の中腹を縫って、終点の極楽橋駅まで、難波からおよそ一時間半。そこからケーブルカーに乗り換え、五分で頂上の高野山駅に着く。山上の駅からバスが高野山内、あるいは周辺のいくつかの集落とつながっている。

自動車道では、京奈和自動車道の紀北かつらぎインターを出て南下し、花坂の集落を経て、以後は町石道《ちょういしみち》という昔の参詣道（カラー口絵）にほぼ沿い、高野山の大門にいたる。紀北かつらぎインターから二六キロの山岳道である。以上が北側からの道で、大半の参詣者がこのいずれかを利用する。

また南方から通じる道は、紀伊半島の半ばの紀伊田辺《きいたなべ》から北東に山岳地帯を横断し、竜神《りゅうじん》から護摩壇山《ごまだんざん》を経て、高野山の奥之院近くに通ずる高野竜神スカイラインがある。この道は海抜一〇〇〇メートル以上の峻険《しゅんけん》を縫って走っているので、冬季は積雪のため通行が制限される。北からの道路と、南からの道路を直接つなぎ、山内の交通渋滞を避けるために、高野山の南側の山をトンネルで抜けて連結するバイパス道も、最近開通した。

大型車は無理だが、奥之院の裏側から狭い急坂を一気に下り、そこで出会う、奈良県の五条から十津川、熊野川沿いに南下する国道一六八号線を使い、熊野三山にいたる現代の参詣道もある。

そのほか若干の狭い道が山内に通じてはいるが、いずれも地元の人々の生活道路で、参詣者はほとんど利用しない。

朝の勤行

明け六つの鐘の音が八葉の峰々にこだまする。それと前後して高野山のそれぞれのお寺で、朝の勤行の開始を知らせる鐘が打たれる。

同じころ奥之院では、統括責任者である維那《ゆいな》がつき従い、二人の僧に支えられた、小型の輿《こし》が静かに運ばれてゆく。毎朝弘法大師にお供えするために、御供所《ごくしょ》で調理された食事を盛った御膳が、その中に納められている。

午前十時半には、同じ作法によって、昼食が用意される。一日に二回、生ける者に対すると同じように、精進料理が調理され、運ばれ、供養される。

高野山には現在百十七の寺院がある。そのうち参詣者や観光客が宿泊できる、宿坊《しゅくぼう》といわれる大きな寺院は五十二ヵ寺。これらの宿坊寺院では、毎朝住職が本堂の中央壇に坐し、その周辺に職衆《しきしゅう》と呼ばれる僧侶たちが居並んで勤行が行われる。

勤行は寺院によって形式は一定していない。それぞれの本尊の真言や陀羅尼《だらに》を念誦《ねんじゅ》し、『般若心経《はんにゃしんぎょう》』や『観音経《かんのんきょう》』を読誦《どくじゅ》する形が一般的である。なかには住職が護摩行《ごまぎょう》を修し、職衆はひたすら不動尊などの真言を大声で唱える護摩祈願の法会が行われる場合もある。

宿坊寺院では、前夜から宿泊している参詣者が、高野山参詣の機会に、先祖や亡くなった近親者の追善供養を希望することが少なくない。このような時には、住職は導師となって、真言宗の常用経典とされる『理趣経《りしゅきょう》』の教えを儀礼化した理趣法《りしゅほう》を、壇上においてひとりで修する。職衆はその周辺に坐し、声明《しょうみょう》という独特の節回しで、仏菩薩を賛嘆し、『理趣経』を読誦して、慰霊の法会が営まれる。

朝の勤行に参列した人たちは、いずれもきらびやかに飾られた仏具に取り囲まれ、独特の節回しの経典のリズムや、声明の独特の響きにおのずと引き込まれ、日常生活を離れた異次元に遊ぶ濃密な雰囲気に、しばしの間、浸ることも可能となる。

真言宗では、初心者に対しては難解な教理を、聞いたり、読んだりして理解しようと努めることを勧めない。最初のうちは、色彩豊かな仏具や曼荼羅の数々に取り囲まれ、異国のにおいがほのかにただよう陀羅尼や真言の響きと、日本の伝統音楽の節回しを思い起させる声明を耳にする機会を用意する。まずそこに入り、人間の五感をフル活用してひたすらその雰囲気を受けとめる経験を優先させる。

高野山には最近、外国から訪れる人も目立つようになった。寺院の朝の勤行には、時によると参列者が日本人よりも、外国人のほうが多いことも珍しくない。朝の勤行の終わった後に、住職の法話を聞く。最近はこの法話を英語で語る住職もいるようだ。

荘厳な宗教儀礼にしばしの間、浸りきり、その後に深遠な仏の教えがやさしく聴衆に語りかけられる。その言葉が日本語であれ、英語であれ、体を通して仏の教えを身につける、そういった機会を高野山の朝の勤行が用意しているのである。

すべてを包み込む山

宿坊に宿泊した参詣者は早朝に勤行に参加したのち、簡単な精進の朝食をいただき、すがすがしい気分をもって山内の諸堂の巡拝に出かける。

朝の透明な冷気が体の隅々まで忍び込み、溜めこんだ都塵《とじん》が清らかな大気に残らず吸い取られてしまうような、晴ればれした気持ちを肌で感じる。

全山に独特の霊気がただよう。平安時代以降、貴紳《きしん》から庶民にいたるまで、あらゆる階層の人々によって捧げられた熱い祈りの余香が、高野山には満ちあふれている。千二百年の歴史の重みが八葉の蓮台(蓮華のうてな)のいたるところに染みこんでいる。

高野山は平成十六(二〇〇四)年、吉野と熊野とともに、「紀伊山地の霊場と参詣道」として、ユネスコの世界遺産に登録された。

都人にとって、吉野、熊野、高野の三山はいずれも人里を離れた、非日常性に満ちた異界であった。それらの山地に込められた神仏の「たましい」が、峻険を越えて人々を呼び寄せ、これらの霊場相互の間、あるいは都市と霊場を結ぶ参詣道となって、いまに残されている。それは世界でも稀な、動きを伴った文化遺産といってよい。

高野山にはじめて登ってきた人は、異口同音に「山らしくない山ですね」という。確かに高野山は一度山内に入ると、一〇〇〇メートル近い山にいる気がとてもしない。その理由は二つある。まず一つは、下界を見下ろせないこと。二つ目は、なるほどお寺は多いが、通常の町並みが山中に続くことである。

高野山のこれらの地理的な特徴は、いずれも真言密教の思想と関連づけて説明される。山登りの楽しみは汗を流し、息を切らしながら登った山上に立ち、下界を見下ろす快感を味わうことが含まれている。高野山はケーブルカー、あるいは車で登ってきても、山の中に入ると、下界を見下ろし、みずからの高度を目で確かめることはできない。

それは高野山の地形が、八葉の峰々に取り囲まれた盆地になっているからである。

真言密教の教えでは、日常の社会生活の中でも、宗教的な信仰ないし儀礼の上でも、異質的なものをあえて排除しない。たとい思想や信仰、あるいは生活習慣を異にしていても、対立し、敵対することがない。意図的に、あるいは無意識のうちに、異質なものを包含し、自分の側に同化、融合しようとする傾向が強い。

このような性格は密教だけのものではない。アジアの民俗、宗教、思想、芸能をはじめ各種の文化の中に大小にかかわらず、広く認められるところではある。とはいえ、このような無条件の包容性は真言密教の中にとくに顕著に現れている。敵対者と対立、抗争することなく、自己の領域に引き入れ、包み込み、年月をかけてみずからの懐の中で融合させ、同化してしまう。

高野山の宗教的な中核ともいうべき伽藍の中に、鳥居があり、神社が祀られている。また弘法大師の廟所《びょうしょ》にいたる参道には、宗派を異にする宗祖《しゅうそ》や檀徒《だんと》の墓や記念碑が立ち並び、日本全国の総菩提所《そうぼだいしょ》といわれる。

聖と俗の混在

高野山を訪れた人が驚くもう一点は、登山する前には仏教寺院の立ち並ぶ宗教的な雰囲気を思い浮かべていたが、現実に来て見ると、山上の寺院と一般の民家が共存していることである。仏教には結界《けっかい》という作法がある。僧侶が修行する一定の地域を区切って聖域とし、その場所を俗界から隔絶した状態に置くことをいう。

もちろん高野山も千二百年前の開創期には、僧侶のみが居住し、修行する聖域であった。明治五（一八七二）年に女人の入山が世俗の法によって認められるようになった後、在家の人々もしだいに山上に居住するようになり、現在のように寺院と民家が混在し、共存することになった。

現在の高野山は人口およそ二千数百人。そのうち僧侶はほぼ一割、大多数は在家の人々によって構成されている。山内には、こども園から小学校、中学校、高等学校、大学、専修学院などの教育機関、役場、消防署、郵便局、銀行、診療所、各種の商店、コンビニにいたるまで、日常生活にほぼ支障のない生活基盤が整えられ、町制が敷かれている。寺院の数が多いだけで、一般の街とそれほど変わるところがない。寺院と堂塔《どうとう》伽藍が主体ではあるが、民家も少なからず混在し、山上の宗教都市を形成しているところに、高野山の地域特性があるといってよい。

現実の俗なる世界の中に、真実なるもの聖を見出す、インド以来の密教が目ざす宗教的な目標であった。それを場所に適応させれば、娑婆《しゃば》即浄土《そくじょうど》となり、身体の上にあてはめれば、即身《そくしん》成仏《じょうぶつ》の教理として生まれ変わる。

密教ではこのような世界観をもつため、俗を無条件に排除することはない。聖が俗を包摂し

町並み．寺院と民家

つつ、時間をかけて俗の聖化をはかる。聖と俗との混在、これも密教の特色の一端を映し出したものといえるであろう。

高野山と比叡山はいずれも平安時代の山岳仏教を代表する聖地として、しばしば並べて取り上げられる。共通する要素も多々認められるが、異なる点も少なくない。

日本天台宗の開祖である伝教大師《でんぎょうだいし》・最澄《さいちょう》は、政治との関係を深めた奈良仏教の弊害を排除するため都塵を避けて、比叡山に根本道場として延暦寺《えんりゃくじ》を建立した。この山では現在にいたるまで、堂塔伽藍のある聖域は俗界と区分され、厳重に結界されている。ここにも開祖の明確な聖俗の分離意識が如実に反映されている。聖俗の混合形態を取る高野山と対照的である。

また比叡山は山頂に立てば、東は琵琶湖、西は京都の市街を遠望することができる。鎌倉時代に、この山上で厳しい修行を積み重ねた僧たちが、やがて山を下り、斬新な宗教理想を掲げて宗派を立て、仏教を新しい形で発展させた。

それに対して八葉の峰に取り囲まれた高野山は、そこから新たな時代思想を生み出すことはほとんどなかった。それよりも戦いに敗れ、また生きることに希望を失った人々を、思想や宗教の差別を超えて受け入れ包み込む、癒しの場として民衆の間で受け入れられてきた。

このように異なった地形の中で生まれ、育った真言・天台両宗の歩んだ足跡は、対照的な歴史をそれぞれが刻んできたと見ていいかもしれない。

*注
一間は、約一・八メートル。
一尺は、約三〇センチメートル。
一寸は、約三センチメートル。
一丈は、約三メートル。

曼荼羅《まんだら》世界

曼荼羅とは仏の悟りの内容を、絵画や彫刻によって具体的に表現したもので、中国を経て弘法大師により日本に請来《しょうらい》された胎蔵《たいぞう》と金剛界《こんごうかい》の両部《りょうぶ》の曼荼羅が、日本では最も有名である（密教の事相家ならびに美術関係者は胎蔵界と金剛界の両界曼荼羅と呼んでいる）。

胎蔵曼荼羅は『大日経《だいにちきょう》』、金剛界曼荼羅は『金剛頂経《こんごうちょうきょう》』という密教経典に基づき、インドでは別々の意図をもって作成されたが、中国において両方の曼荼羅は一対と見なされ、その考えは日本においても継承された。

対とみなす時には、胎蔵曼荼羅は理《り》曼荼羅といわれ、自分以外の他者、大自然などの客観的な存在を、金剛界曼荼羅は智《ち》曼荼羅といわれ、自分自身という主観的な存在、それぞれの本質を象徴的に表現すると理解される。

両部不二《ふに》とか理智不二という場合は、ミクロコスモスとしての私と、マクロコスモスとしての仏ないし大自然とが、別個の存在でありながら、本質的には同一であるという理論を現す。

胎蔵曼荼羅（一一二ページ）は全体で四百余の仏《ぶつ》、菩薩《ぼさつ》、明王《みょうおう》、諸天を、中台八葉院《ちゅうだいはちょういん》をはじめとする十二のグループにわけて配置する。曼荼羅中央に位置する中台八葉院に坐す、中尊の胎蔵大日《だいにち》如来を囲む四如来（宝幢《ほうどう》、開敷華王《かいふけおう》、無量寿《むりょうじゅ》、天鼓雷音《てんくらいおん》）と四菩薩（普賢、文殊、観音、弥勒）が中核となる。

金剛界曼荼羅（二二三ページ）は九つの区画にわかれ、九枠の中央の成身会《じょうじんね》は、中尊の金剛界大日如来を囲む四如来（阿閦《あしゅく》、宝生《ほうしょう》、阿弥陀《あみだ》、不空成就《ふくうじょうじゅ》）と四波羅蜜《しはらみつ》菩薩（金剛《こんごう》、宝《ほう》、法《ほう》、羯磨《かつま》）と十六大菩薩、内《ない》の四供養女《しくようにょ》（嬉《き》、鬘《まん》、歌《か》、舞《ぶ》）、外《げ》の四供養女（香《こう》、華《け》、灯《とう》、塗《ず》）、四摂《ししょう》（鉤《こう》、索《さく》、鎖《さ》、鈴《れい》）の菩薩の合計三十七尊からなる。

一方、胎蔵五仏と金剛界五仏が別個の存在でありながら、本質では同体であるとの主張にも、中尊が胎蔵大日で周辺が金剛界四仏、あるいは中尊が金剛界大日で周辺が胎蔵四仏といった組み合わせのときにも、両部不二、金胎《こんたい》不二という言葉が使われる。

弘法大師は高野山にこれら両部の曼荼羅を象徴する二基の塔を建て、山全体を曼荼羅世界化せんとする意図をもっていたとみることができる。

第一章　高野山を歩く

御影堂と三鈷の松(撮影：永坂嘉光)

1　金剛峯寺

高野山の堂塔伽藍《どうとうがらん》を巡拝し、宝物を見学したりするには、できれば山内の宿坊に一泊し、二日かけてゆっくり歩いて廻ったほうが印象に残る。街の中央部に総本山金剛峯寺《こんごうぶじ》がいかめしく構え、その西側に、大伽藍、霊宝館、西端に大門が位置する。北側に徳川家霊台、女人堂、東方に奥之院の霊域が控える。

高野山の山上に、現在では大小百十七の寺院が残されている。そのうち宿坊といわれる五十二ヵ寺は参詣の方および観光客の宿泊が可能である。ただし金剛峯寺と宝寿院《ほうじゅいん》は寺院数の中に含まれず、前者は総本山、後者は大本山と呼ばれ、特別扱いになっている。

もともと高野山は開創《かいそう》以来、全山が金剛峯寺と呼ばれていた。それは『金剛峯楼閣一切瑜伽《こんごうぶろうかくいっさいゆが》瑜祇経《ゆぎきょう》』、すなわち「堅固な悟りの頂点に建てられた楼閣内で行う瞑想・瑜伽に関する経典」

金剛峯寺．正面

の名に由来する。

明治維新の太政官達《だじょうかんたっし》により、制度の上で高野山全体を統括する寺院を必要としたため、もともと学問に専心する僧侶の統括寺院であった青巌寺《せいがんじ》およびそれに隣接する興山寺《こうざんじ》を統合して、総本山・金剛峯寺と名づけた。現在ではその中に、高野山真言宗の宗務所が併設されている。

主　殿　金剛峯寺の主殿は旧青巌寺の建物である。豊臣秀吉が母君の菩提のために文禄二(一五九三)年に建立した。その後三度の火災による焼失を経て、現在の建物は本来の形を残して文久三(一八六三)年に建立された。現在、和歌山県の文化財に指定されている。

金剛峯寺の表門を潜り抜けると、正面の主殿に唐《から》戸《と》といわれる四枚戸の板戸が目に付く。古くは神の通う路といわれてきた玄関であるが、現在は儀式用の通路となっている。また大屋根の上に載っている、二つの天水桶《てんすいおけ》が珍しい。非常時に備えた貯水設備である。

正面右側に入母屋造りの大玄関が控える。この玄関は金剛峯寺の住職である座主《ざす》の出入り口で、通常時には結界《けっかい》の柵が設けられ、一般の内拝者には右端に幅広い登上口が用意されている。

主殿中央の畳の間を大広間という。金剛峯寺で行われる主要な法会、儀式にはすべてこの広間が使用せられる。大広間の襖絵《ふすまえ》に群鶴《ぐんかく》が描かれ、狩野元信・探幽《たんゆう》の作といわれてきたが、江戸最初期の雲谷派の斎藤等室《とうしつ》の作という説が最近では有力になっている。

唐戸の位置から大広間を通して正面の襖の奥にある小さな室を、持仏《じぶつ》の間という。弘法大師を本尊とし、金剛峯寺の歴代座主の位牌、過去帳を祀る。この壇上で、座主は日常の修法を行う。それとともに座主より新たに任命された住職に対して、伝統的な真言密教の秘法を伝授する、法流稟承《ほうりゅうほんじょう》といわれる儀式を行う尊厳な道場でもある。

大広間の左側の間が梅の間といわれるのは、その襖絵の梅月流水《ばいげつりゅうすい》の金碧障壁画《こんぺきしょうへきが》に由来する。

さらに左側の柳と鷺《さぎ》を描いた襖絵のある柳の間は、豊臣秀吉に追われた二代目の関白・秀次が自害した部屋と伝えられるところから、自刃の間とも呼ばれている。

柳の間から右に折れると、左側に庭園、右側に折上式格天井《ごうてんじょう》の表書院《おもてしょいん》がある。一段と高い畳敷きの床を備えているところから、通常は上段《じょうだん》の間《ま》と呼ばれる。かつては皇族、大名などの座所であったが、現在ではここで宗団・本山関係の諸種の辞令を交付する儀式が行われる。

表書院を進むと、その裏側に、奥書院がある。もとは貴人の休憩所であったが、現在では法会の後の斎食《さいじき》、あるいは秋に一ヵ月余りかけて行われる勧学会《かんがくえ》のうち、二日廻しといわれる伝統的な学問の論議の場として使用される。奥にある、天井に達する煙抜きを備えた囲炉裏《いろり》が珍しい。

主殿の玄関の裏にあたるところは、広い台所、つまり厨《くりや》である。広大な空間に、大水槽、大釜、さらに天井から吊り下げられた台座などがあり、目が奪われる。現在、和歌山県の文化財として認定されているため火気厳禁で、実質的に厨房として利用されていない。

厨の横に土室《つちむろ》と呼ばれる一室がある。部屋の中央に大きな囲炉裏が設けられている。冬期に暖をとるために千年前に工夫された暖房設備である。それを考案したため、厳冬をしのぐことが可能となり、山の僧侶が初めて越冬することができるようになったと言い伝えられている。

真然廟

以上のような金剛峯寺本坊の主殿の各室の配置は、高野山の寺院には標準的な構造である。

宿坊寺院の多くは同様の部屋の配置がなされ、そこで各種の宗教儀礼が行われる。

真然廟《しんぜんびょう》　近年の調査によって、現在の金剛峯寺の主殿の境内に、弘法大師の後継者として、高野山の運営を委託された真然大徳《しんぜんだいとく》（傳燈国師《でんとうこくし》）の遺骨が発掘され、現在の金剛峯寺の場所が大徳の住房跡であることが判明した。主殿の北側に真然堂という小室があったが、そこに遺骨を奉安し、真然廟として毎日の修法が行われ、命日の九月十一日には、廟前で法会が営まれる。

興山寺跡《こうざんじ》　金剛峯寺の主殿から西に長い廊下を渡ると、旧興山寺の境内地となる。旧青巌寺

蟠龍庭．左側の建物は阿字観道場

と興山寺との境界を示す土塀が現在も残っている。

広い境内には、昭和九（一九三四）年の弘法大師入定千百年御遠忌を記念して建てられた奥殿と別殿、昭和五十九（一九八四）年の千百五十年御遠忌記念の新別殿、およびこれらの主要な三殿を取り囲む二三四〇平方メートルの庭園に、蟠龍庭《ばんりゅうてい》と名づけられた石庭が広がる。

別殿の八室の襖絵は、守屋多々志《ただし》画伯の作。西側の四室には、牡丹、桜、睡蓮、楓など四季の花木が、東側の四室には、弘法大師の入唐《にっとう》と高野山開創の伝説が題材として取り上げられ、画かれている。

奥殿は現在、多数の賓客《ひんきゃく》を接待する場所として使われている。弘法大師の誕生日にあたる六月十五日には、この建物内で茶会が催され、一般の参詣者も参加が可能である。

奥殿のさらに奥には、貴賓室として使われる新書院と、真松庵《しんしょうあん》と名づけられた茶室があるが、これらの建物は通常時は非公開となっている。

阿《あ》字《じ》観《かん》道場

蟠龍庭の北側に、一棟の新しい建物がどっしり構えて建っている。高野山開創千百五十年を記念して、金剛峯寺第四百一世の中井龍瑞《りゅうずい》座主によって昭和四十二（一九六七）年に建てられた、阿字観道場である。

真言密教独特の瞑想法である阿字観は、在家信者の方々も参加することができるため、最近熱い視線が寄せられている。決められた日に、この道場において専門の僧侶によって阿字観の実習指導が行われているので、一般の方の参加も可能である。

高野山の宿坊寺院の中には、住職あるいは専門の僧侶により、阿字観の実習を指導している寺院もある。修禅の道場として千二百年の伝統をもつ高野山において、宗教的な瞑想を実践して一日を過ごすのも意義深い体験になるに違いない。

六時《ろくじ》の鐘《かね》

金剛峯寺の正門の西側の、石垣の上に建てられた鐘楼《しょうろう》に掛かる鐘をいう。午前六時から午後十時まで、偶数時に打たれ、一日に九度、荘重な響きを全山に伝えている。

元和四(一六一八)年に、福島正則が亡母の追善《ついぜん》のために建立した。その後焼失したが、現在の鐘楼は天保六(一八三五)年の再建になる。

2　伽藍

金剛峯寺の正面から西に向かう。両側をあせびの木の低い列が続く。通称、蛇腹道《じゃばらみち》というこの参道を進むと、突然、巨大な塔が右前方に立ちあがる。伽藍の境内に入ったことを知る。伽藍は金剛峯寺全体の本堂にあたる。

この伽藍地域一帯を壇場《だんじょう》伽藍と称することがある。壇場とは、曼荼羅道場《まんだらどうじょう》を意味する言葉である。金剛界《こんごうかい》と胎蔵《たいぞう》の両部《りょうぶ》の曼荼羅のうち、伽藍は胎蔵曼荼羅の壇場、奥之院が金剛界曼荼羅の壇場に比せられる。ただ伽藍が一段と高い場所にあるため、同音の壇上伽藍という名が現在では一般化して使われている。

伽藍とは、サンスクリット語の saṃghārāma を漢音化した僧伽藍摩《そうがらんま》の略語である。インドでは、僧房、仏殿、塔などの建物の集合態を指すが、中国、日本において変化し、かならずしも

蛇腹道から大塔

形式は固定していない。

南都仏教（奈良時代に興り栄えた仏教。律、三論、成実、法相、倶舎、華厳の六宗がその代表）では、塔、金《こん》堂《どう》、講堂、僧房、経蔵《きょうぞう》、鐘楼、食堂《じきどう》から構成され、七堂《しちどう》伽藍の名で知られている。金堂は本尊を祀《まつ》り、その前で、僧侶が修法《しゅほう》や宗教儀式を行う場である。講堂は仏・菩薩を祀るが、僧侶が集まり、講義を聞き、討論などが行われるため、通常、金堂より広い。

法隆寺や薬師寺など南都の代表的な寺院は金堂が境内の中心部に位置し、そのかたわらに塔が建ち、境内の周囲を回廊が取り囲む。

金剛峯寺の伽藍は、南都の寺院とは異なる。山岳地帯の中の平地を選んで建立せられるために、境内は比較的狭小で、かならずしも形式どおりの配置に

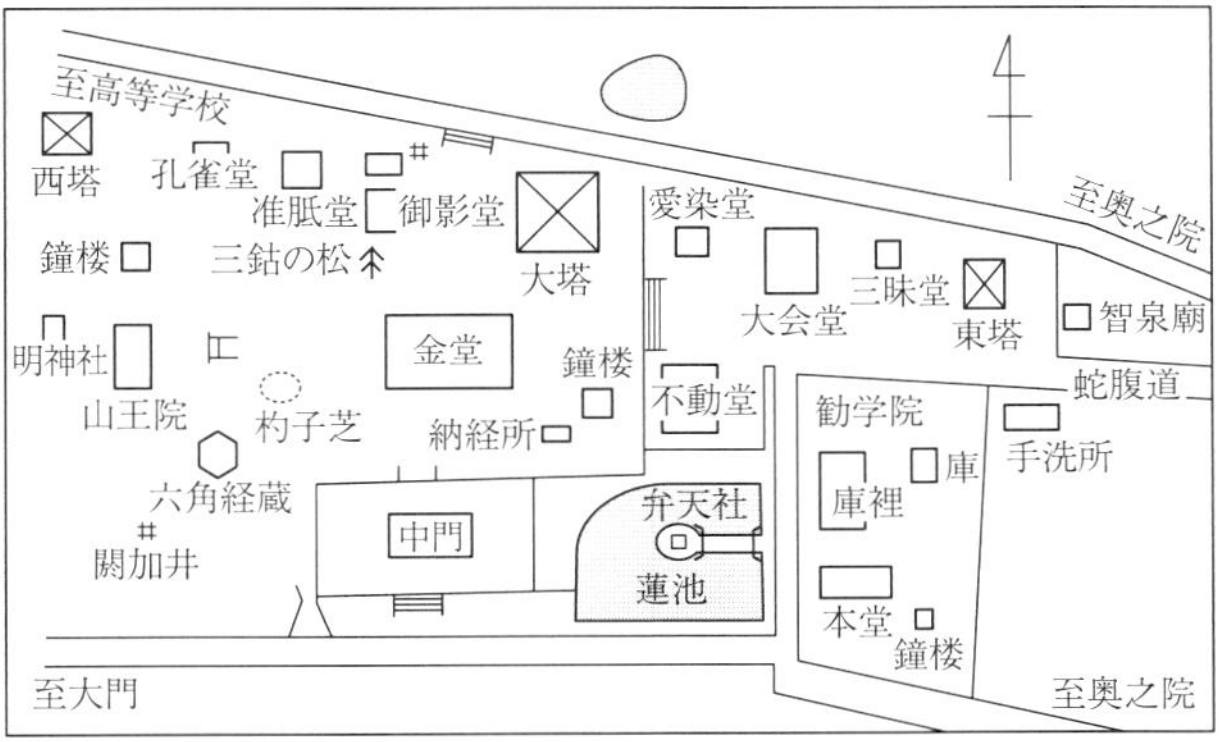

伽藍配置図

はなっていない。また南都仏教の伽藍では、塔は中央の金堂や講堂に対して付随的な地位にあるが、金剛峯寺の伽藍では、塔が大きく、主役の地位を占める。

密教寺院では、宗教儀礼を行う金堂と同等に、宇宙の真理を具現化した塔を重視する。弘法大師が高野山開創にあたって金剛界と胎蔵の二基の塔の建立を計画したことは、承和元(八三四)年八月二十三日付けの「勧進書」に「四恩を抜済《ばっさい》し、二利を具足せんが為に、金剛峯寺に於いて、毘盧遮那《びるしゃな》法界体性《ほうかいたいしょう》(大日如来を本尊とする)の塔二基及び胎蔵金剛界両部の曼荼羅を建て奉る」(『性霊集補闕抄』巻第八)と記す文が残されていることからわかる。

これら金胎二基(金剛界と胎蔵各一基)の塔のうち一基が現在、通称で根本大塔《こんぽんだいとう》といわれる、この伽藍において最も巨大な塔に相当する。

「勧進書」には、続いて「然るを今工夫数多くして粮食給《つ》き難し。(中略)伏して乞う。諸の檀越《だんおつ》等、各一銭一粒の物を添えてこの功徳を相い済《すく》え」と悲痛な叫びが発せられている。特定の護持者を持たない山間の僻地に壮大な堂塔を建立するには、経済的にかなり困難な事態があったであろうことが予想せられる。

後世の記録によれば、伽藍のうち講堂(現在の金堂)が弘仁八(八一七)年閏四月に着工し、同十年春竣工した(『高野春秋編年輯録《こうやしゅんじゅうへんねんしゅうろく》』)。また同年、鎮守を勧請《かんじょう》した(『拾遺雑集』)とある。

この記録ほど伽藍の整備が急速に進展したとは、諸般の事情を勘案すると、直ちに信頼することはできない。

弘仁七(八一六)年、高野山開創にあたって「荒藪を芟《か》り夷《たい》らげて、聊《いささ》かに修禅の一院を建立せん」(「入定の処を請はれる表」『性霊集補闕抄』巻第九)と、大師が申請書に記した内容からみて、伽藍の整備事業は、まず食堂を含む僧房、講堂と鐘楼(「高野寺の鐘の知識の文」『性霊集補闕抄』巻第九)、ついで金胎二基の塔(前掲の「勧進書」)の建立と次第したと考えていいであろう。

いずれにしても大師の在世中に、伽藍の諸堂塔の建立がどれほど進捗していたか、その意図に反して、あまりはかどりを見せていなかったと思われる。

金剛峯寺の堂塔の建立と境内地の整備に専心《せんしん》尽力したのは、大師から金剛峯寺の造営を委託された第二世の真然大徳《しんぜんだいとく》であった。また真言宗の後継者となった長老の東寺長者・実恵《じちえ》大徳の力添えも少なくなかった。

講堂は、嵯峨天皇の御願堂として、承和五(八三八)年ごろ落慶をみたが、大塔は遅れ、貞観の末ごろ(八七五―八七六年)に一応完成し、光孝天皇の御願により建立された西塔《さいとう》とともに仁和三(八八七)年に落慶法要が営まれている。

大師の後ほぼ半世紀、金剛峯寺の伽藍がようやく輪奐《りんかん》の美を整えたと見てよいであろう。

金堂《こんどう》(講堂)

伽藍の正門にあたる中門をくぐると、基壇上に建つ、正面九間と奥行七間の四面入母屋造りの堂。昭和元(一九二六)年に二層の金堂は失火により焼失し、現在の建物は昭和九(一九三四)年に一層で再建された。

十世紀中葉の作とみなされる『金剛峯寺建立修行縁起』によれば、三間四面の講堂に、一丈六尺の阿閦《あしゅく》如来を本尊とし、八尺五寸の四菩薩と七尺二寸の不動《ふどう》、降三世《ごうざんぜ》の二体の明王《みょうおう》が安置されていたという。

金堂．内陣

本尊は秘仏とされてきた。脇侍《きょうじ》の金剛薩埵《こんごうさった》、虚空蔵菩薩《こくうぞうぼさつ》、金剛王菩薩《こんごうおうぼさつ》、普賢延命菩薩《ふげんえんめいぼさつ》、不動明王、降三世明王の六体は、平安初期の密教彫刻の代表的な像として、国宝に指定されていたが、昭和元（一九二六）年の火災により惜しくも焼失した。高村光雲仏師などにより、七体が改めて刻まれ、現在、金堂に安置されている。

本尊は触地印《そくじいん》を結ぶ阿閦如来で、密教の教理を具現化した特色をもつ。ただ南都の諸大寺の金堂、比叡山延暦寺の根本中堂、東寺の金堂など、いずれも薬師如来《やくしにょらい》を本尊とする。阿閦如来と薬師如来はもともと別個の仏であるが、日本では同一の仏とみなされることもある。奈良時代には阿閦如来に病気平癒《へいゆ》の願がかけられており、阿閦と薬師の同体説もかなり古い時代から存在する。また十一世紀初頭の『紀伊国金剛峯寺解案』には、阿閦とあるべき、金剛界曼荼羅の東方尊を、薬師とみなす記述もあり、阿閦を薬師として祀る事例が、高野山でもかなり古い時代から存在したことがわかる。

これらの点をあわせ考えると、現在、正月一日から三日にかけて行われる金堂の修正会《しゅしょうえ》に、薬師悔過法《けかほう》が修せられているのも、故なしとしない。

内陣の東西の両壇に、胎蔵と金剛界の両部の曼荼羅が掲げられ、その前に壇が設けられ、それぞれの修法が行われる。密教独自の講堂の構成とみなされる。

外陣の四隅の壁には、嬉《き》、鬘《まん》、歌《か》、舞《ぶ》の内《ない》の四供養女《しくようにょ》、香《こう》、華《け》、灯《とう》、塗《ず》の外《げ》の四供養女、合計八供養の女菩薩が画かれ、また内陣の裏壁には、釈迦の成道図《じょうどうず》をはじめ不動、弁財天、供養女菩薩などが画かれている。いずれも木村武山画伯の筆になる。

大塔《だいとう》　多宝塔形式をとるが、南天竺《なんてんじく》の鉄塔になぞらえた、毘盧遮那法界体性塔《びるしゃなほうかいたいしょうとう》である。高さ十六丈、十六間四面で、伽藍ではずば抜けて巨大な建造物である。そのため五度にわたり落雷等の原因で火災にあう。天保十四(一八四三)年の火災以降、再建されていなかったが、現在の大塔は弘法大師入定千百年の記念事業の一環として、昭和十二(一九三七)年に落慶した。骨格は鉄筋コンクリート造りで、その表面を材木で覆う。

中央に大日如来と四方に四仏を祀る。現在の五仏は十八世紀中ごろに復刻もしくは修復されたと考えられるが、江戸初期の特色を残している。『金剛峯寺建立修行縁起』には、「一丈八尺六寸の大日、一丈四尺の四仏を安置し奉る。胎蔵、皆金色也」と記されている。

本来は胎蔵五仏が安置せられていたが、現在では胎蔵大日、金剛界四仏として祀られている。大塔は正暦五（九九四）年、雷火により焼失しているが、寛弘四（一〇〇七）年十月十一日付の『紀伊国金剛峯寺解案』には、大塔の四仏を「薬師、宝生《ほうしょう》、無量寿《むりょうじゅ》、釈迦」と記している。薬師と阿閦、釈迦と不空成就はしばしば同体とみられていたので、この構成は金剛界四仏とみてよい。両部不二説に基づき、中尊の胎蔵大日と周辺の金剛界四仏の混合五仏の説は十一世紀初頭まで遡ると考えられる。

胎蔵四仏と金剛界四仏は、名称と配置の場所が異なるが、印契は互いに共通するため、場所を変えれば、胎・金いずれの四仏にも変更することが可能となる。

四仏の周辺にそれぞれ四本の柱が建ち、計十六本の柱には、金剛界の十六大菩薩が画かれ、塔の四隅上部の壁面に、インドより中国を経て日本に真言密教を伝えた八人の祖師（龍猛《りゅうみょう》、龍《りゅう》智《ち》、金剛智《こんごうち》、不空《ふくう》、善無畏《ぜんむい》、一行《いちぎょう》、恵果《けいか》、弘法）の像が画かれている。堂本印象画伯の作。

西　塔

西《さい》塔《とう》　伽藍の西北隅のわずかに高い場所に、樹木に囲まれて、高さ九丈、五間四面の多宝塔が建つ。『金剛峯寺建立修行縁起』によれば、「八尺大日、五尺四仏を安置し奉る。金剛界、皆金色也」と記されている。金胎二基の毘盧遮那法界体性塔のうち金剛界の塔として、仁和三(八八七)年に建立された。

中尊の大日如来は、まさしく貞観仏《じょうがんぶつ》(九世紀中葉の仏)で、おそらく創建当時の仏像とみて間違いない(第六章扉写真)。現在、霊宝館に移されている。四仏は江戸期の造像になり、現在は胎蔵四仏と称されているが、金剛界四仏の配置である。格天井に草花、欄間《らんま》上の壁面に飛天が極彩色で画かれ、浄土を現出している。

伽藍の諸堂塔は、明治時代に現在地に移転した不動堂を除いては、インド以来の仏教寺院の建築方式に従い、すべて南に面して建てられている。したがって南側から

中門《ちゅうもん》

伽藍に入るルートが正式の参道といえる。南向きの金堂の前の一段低い場所に位置する正門にあたるのが、中門である。

天保十四(一八四三)年の大火によって失われ、礎石だけが残されていたが、高野山開創千二百年の記念事業として、現存の礎石の場所に再建され、平成二十七(二〇一五)年四月に落慶法会が行われる。鎌倉時代の楼門《ろうもん》形式を再現した五間三戸、高さ約一六メートルの総檜製で、柱は丹土《たんど》が塗られ、檜皮葺《ひわだぶ》きの屋根をもつ二層建てである。

再建の際に、中門の四隅に安置される四天王のうち、持国天《じこくてん》と多聞天《たもんてん》は江戸末期に製作された像が伽藍内の諸堂で移転を繰り返し保存されていた。残る増長天《ぞうちょうてん》と広目天《こうもくてん》は、松本明慶仏師が新たに彫刻し、あわせて四体が落慶と同時に開眼されて、中門の四隅に安置され、伽藍全体の攘災《じょうさい》にあたる。

高野四郎《こうやしろう》の鐘

大塔の正面東隅のコンクリート建築の楼閣の中に、直径二メートルを越す大きい鐘が掛かっている。日本で四番目の大きさを意味する高野四郎の通称で知られている。

三度の改鋳を経て、現在の銅鐘は天文十六(一五四七)年に完成した。一日に五度、午前四時、午後一時、午後六時、午後九時、午後十一時に、合計で百八つ突かれ、昔ながらの音でもって、時を全山に告げている。

「衆生の長い眠りを覚まし、生きとし生けるものの迷いを晴らし、心安らかな生に向かわせるために、七尺の銅鐘を鋳造したいので、縁のある僧も在俗の方も寄進をお願いしたい」との趣旨を綴った「高野寺の鐘の知識の文」(『性霊集補闕抄』巻第九)が残されている。

大師の熱意はやがて実り、在世中に鐘は完成し、その音が諸堂に満てる諸仏を慰め、修禅の僧たちの祈りを充実させたことであろう。

御影堂《みえどう》

弘法大師の持仏堂の跡とせられる。内々陣《ないないじん》に、弟子の真如親王《しんにょしんのう》の画いた大師の御影を安置するところから、御影堂と呼ばれる(本章扉写真)。現在の建物は、天保の火災で焼失後、弘化四(一八四七)年に再建された。外側は格子状の吊り上げ式の建具で、内側は障子。檜皮葺きの屋根は低く、おだやかな曲線を保つため、建物自体の存在が伽藍の中で、独特の安らぎをかもし出している。御影堂の周辺はもともと僧房が建てられていた場所とみられている。

弘仁七(八一六)年、高野山下賜《かし》の勅許《ちょっきょ》を受け、時を経ずして紀伊の国に居住していた同族の有力者にあてた、高野山開創の援助を依頼した、大師の手紙に「一两の草庵《そうあん》を造立せんがために、且《しばら》く弟子の僧、泰範、実恵等を差しつかわせて、かの地に発ち向かわしむ」とある(『拾遺性霊集』)。高野山の開創にあたって、まず建立されたと思われる「一两の草庵」に該当するのが、二十一間の僧房であり、大師の住房もその周辺に建てられていたものと思われる。

旧暦の三月二十一日は、大師入定の日にあたり、この日は外陣の建具と障子を取り払い、正午より山内の僧侶によって盛大な法会が営まれる。

その前夜、午後八時には、御逮夜法会《おたいやほうえ》が行われ、その後、年に一度だけ、一般の方の内陣参拝が許可され、その際に内陣の外壁に描かれた大師の十大弟子と、真然大徳、祈親上人《きしんしょうにん》の像を拝することができる。

准胝堂《じゅんていどう》　御影堂の西側にある堂。光孝天皇の御願があって、真然大徳によって建立されたと伝えられる。現在の建物は、明治十六(一八八三)年の再建になる。

本尊の准胝観音は、准胝仏母《ぶつも》ともいわれ、多くの仏を生み出す仏母として尊崇されているところから、仏道に入門する得度式の本尊とされる。

明神社

孔雀堂《くじゃくどう》

准胝堂の西側に並ぶ堂。正治二（一二〇〇）年に雨乞いの功により、後鳥羽上皇の御願をもって建立されたが、昭和元（一九二六）年の金堂火災により焼失し、昭和五十五（一九八〇）年に、高野山内の親王院《しんのういん》住職・中川善教前官の寄進により再建された。

快慶《かいけい》によって刻まれた孔雀明王像（重要文化財。以下、重文）が本尊であるが、現在、霊宝館に移され、摸像が安置されている。

明神社《みょうじんじゃ》

金堂の西側の広場には、朱塗りの大鳥居がかまえ、その西に山王院、さらに奥の一段と高い所に、御社が三殿、並置されている。高野山の開創に関係が深い丹生明神《にうみょうじん》（丹生都比売《にうつひめ》之命《のみこと》）と高野《こうや》明神（狩場明神ともいわれ、丹生都比売之命の子息とされる)の両明神、および高野山の四方を守護する任を負う十二王子《じゅうにおうじ》・百二十番神《ひゃくにじゅうばんしん》を祀る社である。

『金剛峯寺建立修行縁起』には、弘仁十(八一九)年五月三日付けで、金剛峯寺を建立するにあたって最初に鎮守を勧請する啓白文《けいびゃくもん》が記載されている。ただし、この文を直ちに全面的に信頼することはできない。開創の第一段階にあって、まず僧院、食堂などの生活基盤の設立、さらに本尊を祀る講堂の建設が優先すると思われる。とはいえ最初期であっても、この土地にすでに祠《ほこら》程度の社が存在したことは予想されてもよい。小さい祠がしだいに増広されて、社の形を整えていったと考えることができよう。現在の明神社の建物は、大永二(一五二二)年の再建。

山王院《さんのういん》

もともと御社の拝殿として文禄三(一五九四)年に建てられた。旧暦五月一日、二日には、塔頭《たっちゅう》寺院の一つである南院《なんいん》の本尊・浪切《なみきり》不動尊を請じて、法会が行われ、翌三日には、夜を徹してこの堂内で、真言密教の教学論議が闘わされる試験場にもなる。

毎月、十六日には、明神に捧げる月例の論議と法会も行われる。

六角経蔵

金堂の南西隅にある六角形の堂。鳥羽上皇の皇后であった美福門院《びふくもんいん》が、上皇の菩提を願い、平治元(一一五九)年に建立し、紺紙《こんし》金泥《きんでい》の『一切経《いっさいきょう》』一千巻を書写し、納入し、その賄い料として、紀州の荒川庄を荘園として寄付した。その因縁をもって、この経典を、美福門院経とも、荒川経とも呼んでいる。

現在の堂は昭和八(一九三三)年の再建。

三鈷《さんこ》の松　御影堂の前庭に、木枠に囲まれた松がある。大師が唐から帰国する時に、密教宣布の地を求め、海岸より法具の三鈷杵《さんこしょ》を投げたところ、この松の木に掛かっていることを知り、高野山開創の機縁としたという伝説がある。それ以来この松の葉は、通常の二葉ではなく、三葉という特殊な形となったといわれる。

3　東参道

伽藍の東参道にあたる蛇腹道を過ぎると、右手に、東塔《とうとう》、三昧堂《さんまいどう》、大会堂《だいえどう》、愛染堂《あいぜんどう》が並び、左手の奥に、不動堂が苔のにおいを漂わせながらひっそりと建っている。

東　塔　大治二(一一二七)年に、西塔とともに建立せられたが、その後、たびたび焼失を繰り返し、現在の塔は、大師入定千百五十年御遠忌《ごおんき》の記念事業として昭和五十九(一九八四)年に建てられた。
中尊は尊勝仏頂尊《そんしょうぶっちょうそん》、および脇侍として不動、降三世の両明王が祀られている。

三昧堂

中世、浄土教の盛んな時期に、本尊の周囲を巡って念仏を唱えるための三昧堂が各地に建立された。延長七(九二九)年、済高座主《さいこうざす》が建て、西行法師がここで修行したと伝えられる。その縁で、堂前の桜を西行桜という。

大会堂

現在の建物は、嘉永元(一八四八)年に建立された五間四面の大堂。
本尊は丈六の阿弥陀如来と、観音と勢至《せいし》の両菩薩。もと安元元(一一七五)年、鳥羽上皇の皇女の五辻斎院頌子《いつつじさいいんしょうし》内親王が父皇の菩提のために、山の東方の別所に建立したが、翌々年、西行法師が五辻斎院の許しを得て伽藍内に移転し、蓮華乗院《れんげじょういん》と改名して、高野山における真言教学研究の道場とした。
現在は伽藍で行われる大法会の際に、僧侶が集合する場所として用いられている。

愛染堂

一面三目六臂の愛染明王《あいぜんみょうおう》を本尊とする。建武元(一三三四)年、後醍醐天皇の勅願により、愛染明王を本尊とする護摩法《ごまほう》を修し、敵対者を降伏させる目的をもって建立された。現在の建物は、弘化五(一八四八)年の再建になる三間四面の堂。

不動堂

不動堂　国宝建造物。建久九(一一九八)年、鳥羽上皇の皇女、八条女院《はちじょうにょいん》の発願により、行勝《ぎょうしょう》上人が一心院谷《いっしんいんだに》に建立した。明治四十一(一九〇八)年に、伽藍の現在地に移転された。高野山に現存する最古の建造物である。本尊の不動明王(重文)の脇侍である八大童子(国宝。カラー口絵)のうち六体は、運慶とその一門の仏師の作。
　現在、霊宝館に収蔵されている。

4　伽藍周辺地域

瑜祇塔《ゆぎとう》　現在は塔頭寺院の一つであるが、もともと弘法大師の住房で、中院《ちゅういん》と称せられる格式をもつ龍光院の裏山の中腹に建つ塔。

瑜祇塔内陣

瑜祇塔

金剛智訳との伝承があるが、訳者未詳で、弘法大師の請来になる『金剛峯楼閣一切瑜伽瑜祇経』に基づき、南天の鉄塔に擬して真然大徳が創建した塔と伝えられる。

瑜祇塔の五峰は大日如来の五智《ごち》を表し、八柱は八葉もしくは八識《はっしき》を示すという。金剛界と胎蔵の両部不二《りょうぶふに》の深い意味を象徴的に示す塔とみなされている。

瑜祇塔は東に面し、本尊は中尊の大日如来、東北隅に阿閦如来、東南隅に宝生如来、西北隅に観世音菩薩、西南隅に虚空蔵菩薩、中尊の背後に西に向かって愛染明王を配している。中尊をはじめ東側の二如来は金剛界で、いずれも比丘形《びくぎょう》、西側の二菩薩は菩薩形をとる胎蔵系で、合わせて金胎不二を表す。

塔内は瑜祇灌頂《ゆぎかんじょう》という特殊な儀式を行う際に、灌頂の受者と関係者のみが中に入ることが許される。

宝寿院《ほうじゅいん》

室町時代より、高野山の学問の研鑽は、宝性院宥快《ほうしょういんゆうかい》師（宝門）と無量寿院《むりょうじゅいん》長覚《ちょうかく》師（寿門）の両系統にわかれて競い合ったが、その学問の伝統を継承するために、大正二（一九一三）年に両本山を合併し、宝寿院と改称し、もとの無量寿院の境内と建物をもってあてた。現在は高野山専修学院を併設し、宗門子弟の教育に寄与している。

宝門と寿門との統合により宝寿院が誕生したことにより、もとの宝性院の境内に、

大師教会本部

大師教会本部の大講堂を設立し、真言密教の布教の拠点とした。

第二次大戦後、さらに鉄筋コンクリート建ての中講堂と小講堂、ならびに食堂、宿舎などを増設し、口説布教《くぜつふきょう》、詠歌《えいか》ならびに宗教舞踊、阿字観などの大会や講習会に利用せられている。

霊宝館《れいほうかん》

高野山開創千百年の記念事業として、大正十（一九二一）年に、根津嘉一郎氏などの財界人の後援を得て開館した。

勧学院

現在、高野山内の寺院からの寄託品を含め、五万点に及ぶ仏像、仏画、仏具、書跡、古文書など、多くの国宝、重要文化財(重文)が保管され、展示されている。

勧学院《かんがくいん》 霊宝館の真向かい、土塀に囲まれた建物で、古式に則った学問の道場。北条時宗が金剛三昧院の中に、法談論議所として学僧の研鑽のために建立したが、後に後宇多法皇の勅願により文保(一三一八)年に現在地に移転した。

高野山において学問を研鑽するため、僧侶が履修しなければならぬ課程が数多く用意されている。なかでも入門以来、師匠について学習してきた成果を競い合い、討議を重ね、選抜を受ける勧学会《かんがくえ》は、高野山の僧侶としての資格を得るために、重要な階梯《かいてい》

大　門

となっている。毎年秋に開催される(第二章参照)。

師匠の下で学習を積んだ後、勧学会の研鑽を希望する僧侶は、二人の教授役の師匠の自坊で、まず十日間(十日廻し)、次いで金剛峯寺の奥書院で、十日間(二日廻し)の討議を重ね、最終の十日間(本会《ほんね》)は、勧学院において早朝から、伝統的なしきたりを踏まえて論議を闘わせる。

大《だい》　門《もん》　高野山の西の端に位置し、高野山の町石道や車により高野山道を通って高野山に入る時に最初に出会う門。二層で約二十一メートルの高さ。江戸時代の康意仏師による阿形像《あぎょう》、運長法橋《うんちょうほうきょう》による吽形像《うんぎょう》の二体の金剛力士が門の両側で、忿怒《ふんぬ》の形相をもって参詣者を迎える。

現在の建物は宝永二(一七〇五)年の再建になり、

昭和六十一(一九八六)年に解体修理も完了した。

高野山の境内地に入ると、下界を見渡せる場所がまったくないが、大門は高野山駅とともに数少ない展望の利く場所である。

とくに夕方、大門から西に広がる山々の森林地帯のかなたに沈み行く夕日の輝きと、茜色に染まった空と雲の静かな流れを目にしていると、この山の千二百年におよぶ歴史の歩みが走馬灯のように頭を駆け巡る。

また雨上がりの早朝、幾重に連なる雲の群れの穏やかなたたずまいを眼下にして、おのずと身の引き締まる思いがする。神秘的な雰囲気を存分に漂わせた雲海、それらを足下に一望することのできるのも、高野山の魅力のひとつかもしれない。

5　電車・ケーブルカーからの参道

ケーブルカーの終点・高野山駅からバスに乗る。曲がりくねった山間の道を一キロ半ほど、時間にして五、六分で女人堂の前に出る。ここが高野山で唯一残る女人堂

女人堂《にょにんどう》

女人堂

である。

明治五（一八七二）年まで、高野山は女性が入山することが許されなかった。

高野山に通じる主要な道には、このような女人堂が各所に建てられ、大師の威徳《いとく》を慕う女性の信徒はそこに御篭《おこもり》をして、はるか大師の御廟《ごびょう》に向かって熱い祈りを捧げた。

また高野山の八葉の峰々を巡る女人道が通じていて、女人が尾根を伝い、御廟周辺まで巡礼することができたともいわれる。現在、その道はハイキングコースになっている。

女人堂から坂道を下ると、その両側には、人力車が昭和二十年代までは並んで客待ちをしていた。路線バスが女人堂までしか運行がなく、山内には乗り物の通行が禁止されていた。あとは徒歩に任せられていたからである。
坂道を下りきると、その正面に低い屋舎があり、正面は開かれ、そこで参詣者が呼び止められる。宿泊を希望すると、出身地を聞かれ、その土地ごとにゆかりの宿坊寺院に案内されるというシステムになっていた。高野山の寺院はそれぞれ各地の大名の菩提所になっていたから、昔からの縁のつながりによって、それぞれの人の泊まるお寺が決まっていたのである。所縁坊《しょえんぼう》案内所という名前がついていた。昭和二十七(一九五二)年、南海電鉄バスの山内通行が認められると、いつのころからか、この歴史的な舎屋は金剛峯寺の職員宿舎に変わっていた。

金輪塔《きんりんとう》

女人堂から坂道を下りきった右側に、瀟洒なたたずまいを見せる多宝塔が見える。
高野山の中興の祖とされる明算《めいざん》大徳の廟所《びょうしょ》といわれる。現在の建物は、天保五(一八三四)年ごろの建立になる檜皮葺き二層で、高さ約一八メートル、本尊は一字金輪仏頂尊《いちじきんりんぶっちょうそん》。この塔の周辺に、心の字の形をした池があり、一心院谷《いっしんいんだに》の名前の起源となった。現在、伽藍にある国宝の不動堂は、明治までこの境内にあった。

五坊寂静院《ごぼうじゃくじょういん》

鎌倉時代に行勝上人によって基礎が築かれ、源頼朝の三男の貞暁《じょうぎょう》法印によって隆盛をきたし、『妙法蓮華経』の五字それぞれに智の一字を加えた名を冠し

徳川家霊台

た坊舎があった。現在は全五坊をまとめた寂静院という名の一院を残すのみ。『妙法蓮華経』のゆかりにより日蓮上人が登山して、足を留めたとの伝説も残る。

徳川家霊台

徳川家の菩提寺であった大徳院《だいとくいん》（現在は金剛峯寺の隣地に移転した連花院《れんげいん》の旧名）の裏の石垣の上に建てられた、一重宝形造りの江戸初期を代表する二棟の堂。寛永二十（一六四三）年に三代将軍・家光によって建立された。

東側は家康公の霊台、西側は秀忠公の霊台、いずれの堂内も、漆、金箔、彩色の壁画など美麗に飾られ、日光の東照宮のミニチュアを思わせる。

ただ最近まで荒廃に任せられており、訪れる人もなかった。昭和三十六（一九六一）年から着手された、文化財保護委員会の解体修理によって、元の姿が復元され、現在、その境内から霊台に入り、内部を見学することも可能となった。

金剛三昧院

源頼朝の妻・政子が建暦元(一二一一)年に頼朝、頼家、実朝など源氏三代の将軍の菩提を祈って、高野山の小田原に禅定院《ぜんじょういん》を造営し、京都の建仁寺の栄西《えいさい》禅師を招いて落慶し、栄西が初代となる。のちに金剛三昧院と改称した。現在、小田原通りと称される商店街より南側の山間に位置する。第二代の行勇禅師は禅のみならず、密教にも精通し、鎌倉将軍の庇護を得て整備された。貞応二(一二二三)年、政子は夫の頼朝の菩提のために、境内に多宝塔(国宝)を建立した。

高野山では、不動堂に次いで古い建造物である。塔内に金剛界五仏が安置されている。境内の石楠花《しゃくなげ》の古木の群生は見事である。

刈萱堂《かるかやどう》

筑前の国の守護職・加藤左衛門繁氏が、妻子を残して高野山に登り、出家した。妻の千里と子どもの石童丸が、父が高野山で修行していると聞き、訪ねてきたが、女人は入山を許されず山麓の宿に留まる。石童丸だけが山に登り、父である刈萱道心《かるかやどうしん》に会うが、身分は明かされず、亡くなったと告げられたため、山麓の宿に引き返す。だが母はそこで病のため、すでに亡くなっていた。

身寄りを失った石童丸は再び山に登り、親子の名乗りをせぬまま弟子入りし、この堂で修行したという哀話が、この刈萱堂の中に掲げられた額絵の前で名調子をもって語られ、参拝者の涙を誘う。近世には謡曲、説教節、浄瑠璃、歌舞伎などの題材になって、この哀しい物語は日本中に流布した。

円通律寺
真別所

平安後期には高野山でも念仏が盛んになり、山内の各所に念仏を唱える集団ができた。その場所を別所《べっしょ》と呼ぶが、現在高野山に残るただ一つの別所が真別所《しんべっしょ》で、高野山内から一山越えた南

真別所

の谷あいに、ひっそりとたたずむ（一六九ページの地図参照）。堂舎を円通律寺という。律院《りついん》のために現在でも女人禁制である。ただお釈迦さまの誕生日の花祭りの日の行事の時だけ、一般の参詣者に開放されている。

江戸時代には、妙瑞《みょうずい》師が住し、密教独特の有部律《うぶりつ》の拠点として名を馳せた。現在、本堂は伝法灌頂《でんぼうかんじょう》を執り行う道場になっており、僧房を含めて真言宗の新参僧の修行の道場でもある。

6　奥之院

墓地の群れ

金剛峯寺から町並みを東に向かう。一・五キロメートルほど歩くと、奥之院の入り口となる一の橋に達する。石の橋を渡りきると、数百年の歴史を黙って見つめてきた杉の大木が両側にそそり立ち、石畳の参道が続く。ここから約二キロメートル、車馬禁止、奥之院の聖域となる。

天から覆いかぶさる老杉の下には、名の知れた武将や大名の苔むした墓石や石塔が、庶民の墓石と並び立ち、木漏れ日が足下に降り注ぐ。墓石の間にできた幽《かす》かな闇の周辺に、数百年の眠りから覚めた精霊が飛び交う幽玄な雰囲気が漂い、湿気を含んだ冷気が肌に浸みわたる。

奥之院の墓石や参道には、さまざまな伝説が語り伝えられてきた。たとえば川中島で戦った上杉謙信の廟舎《びょうしゃ》と武田信玄の墓石は、参道を挟んであの世でも相対する場所にある、高野攻めをした織田信長の墓は高野山にない（ところが近年それが発見された）、主君を殺した明智光秀の墓石は幾度修理しても割れてしまう等々、数えるに暇がない。これらの話を現在も案内の人が面白、おかしく参詣の人々に語り聞かせる。

異端も正統もともに

浮世では不倶戴天《ふぐたいてん》の敵同士であっても、思想や信仰が異なっていようが、亡くなった後はみんな仲良く高野山で眠る、それが近世までの日本人の願いであったものと思われる。

朝鮮（高麗）の役《えき》の時の戦死者を敵味方の差別なく祀る供養塔も、島津義弘によって慶長四（一五九九）年に琉球石で建てられた。その碑銘には「高麗国在陣之間敵味方閧死（戦死の意）軍兵皆令入仏道也」と記されている（第四章扉写真）。

真言宗の教学の復興者であり、改革を志しながら高野山の僧侶と相容れず、山を下り根来寺《ねごろじ》によった興教大師《こうぎょうだいし》・覚鑁《かくばん》上人の廟舎（密厳堂という。一三八ページの写真）も参道の中ごろ、右側の小高い台地に設置されている。
円光大師(法然)の供養塔、見真大師(親鸞)の霊屋《れいおく》も見つかり、日蓮上人の遺跡も奥之院ではないが、高野山内に存在する。高野山は宗派を超えた日本人の総菩提所とも言われる所以である。

異端者であっても、反逆者であっても、みんな知らぬうちに包み込み抱き取ってしまう真言密教の包摂《ほうせつ》の原理が、やがて弘法大師信仰と化し、宗派や敵味方を差別しない安らぎの場所としての高野山に対する憧れが、日本人の間で共有されたものと思われる。

異質的な要素もすべて包み込む真言密教の精神は、異教との共存にも発揮せられた。キリスト教の中でも異端視されたネストリウス派、いわゆる景教《けいきょう》の流行を物語る石碑も存在する。中国の西安にある碑林博物館に所蔵されている「大秦景教流行中国碑」をそのまま写し取った石碑を、イギリスの宗教学者であるエリザベス・ゴルドン夫人が明治末期に建てた。

唐代に都長安において、すでに景教が隆盛していたため、このころ中国に留学した弘法大師も、何らかの接触があったと夫人は考えて、異教も懐深く抱擁する大師の思想に共鳴し、みずから望んでこの碑の傍らに葬られ、静かに眠っている。

公園墓地

終戦後、中の橋バス停から奥之院にかけて広大な森林が伐採されて、新しい墓地が開かれた。

その中心地帯に、第二次大戦の戦没者と戦災横死者《おうししゃ》を祀る慰霊殿がどっしり構える。この新しい墓地一帯には、戦後の日本経済の発展に寄与した有名企業の社員の慰霊碑が建ち並び、あたかもいろいろな会社の広告塔の感がしないでもない。企業の経営者一族、あるいは有縁の方々の供養碑が国籍を問わず数多く造立され、国際的な墓地の様相を呈している。

関東大震災、阪神淡路大震災、東日本大震災などの慰霊供養舎や慰霊碑には、災害の起きた命日に、全山の僧侶によって丁重な法会が営まれ、横死者(不慮の災による死者)の供養も続けられている。

さまざまな墓石

高野山の奥之院墓地に墓石が建てられ始めた明確な時期は不明であるが、鎌倉時代の末に、御廟周辺に五輪塔があったことは、一遍上人《いっぺんしょうにん》の絵伝によってわかる。時宗の祖である一遍上人も遊行の際に高野山に立ち寄っていたのである。

高野山では、一の橋と中の橋との中間地点にある多田満仲《ただみつなか》公(十世紀)の小さい五輪塔《ごりんとう》(建立は十三世紀)が最も古いとの言い伝えがある。

五輪塔

最大の墓は、徳川秀忠の次男の忠長が、お江《ごう》の方の名でよく知られている母堂の菩提のため、寛永三(一六二六)年に建立したもので、台石の広さは畳八畳敷き、高さ九・五メートルある。

奥之院の新旧の墓地には、句碑、歌碑、文学碑などさまざまな芸術関係の記念碑も少なくない。芭蕉の句碑、虚子の句碑、与謝野晶子の歌碑、司馬遼太郎の文学碑などがよく知られている。

昭和天皇が昭和五十一(一九七六)年に行幸され、翌年の歌会始に詠まれた御製、

「史《ふみ》に見る　おくつきどころを　をがみつつ
　杉大樹《おおき》並《な》む　山のぼりゆく」

は、入江相政侍従長の筆で、奥之院の御廟に最も近い燈籠堂の前の石碑に刻み記録されている。

御廟《みみよう》の橋《はし》

参道には三つの橋がある。最初に渡る一の橋、中間に中の橋、一番奥の橋を御廟の橋ともいう。

第三番目の橋は、弘法大師の御廟に最も近い橋のためにこの名がつけられたのだが、「みみようのはし」の音が近いためか、無明《むみよう》の橋とも言われる。この橋を渡ると、俗世界の迷い、すなわち無明と決別し、大師の懐にやさしく抱き取られ、安らぎの世界に入ると信じられてきたのである。

芭蕉句碑

この橋は現在鉄筋コンクリート製になっているが、もとは木橋であった。その裏に橋の板は三十六枚からなり、その裏に金剛界三十六尊それぞれを象徴する種子《しゆじ》、すなわち一字の真言が書かれていた。その伝統は今も継がれている。

御廟の橋の下に玉川が清い流れを見せ、小さな魚が泳ぐ。この魚の背中には白い小さな斑点がある。昔、串裂きにされ焼かれようとしていた魚を、大師が通りかかって、助けると魚は生き返って、背中に傷跡を残したという伝説も語られている。

この川に小さな段差があり、そこに薄い木製の卒塔婆《そとうば》が並んで水にぬれて立つ。戒名が墨書されているが、水子の霊や水死者の菩提を弔うためという。流れ灌頂《かんじょう》の名がある。

御廟の橋の手前に、不動、観音、地蔵など十五体の石仏が立っている。その前には薄木の卒塔婆が林立し、参詣の人は柄杓で水を掛けて、亡き人の菩提を弔う。水掛け地蔵と呼んでいる。

弥勒石《みろくいし》　御廟の橋を渡り、左側に小さい堂舎が目に付く。中には中央部の少しくびれたキャベツくらいの大きさの黒い石が横たわり、手で触れることができる。弘法大師が中国より持ち帰った石と伝えられ、弥勒石という名がある。この石を片手で一段高い場所に移せば、お大師さんのご加護があると言いならわされ、参詣者がたびたび試みるので、石は黒光りしている。

参道から少し離れた左側に玉川が流れるが、そこに木橋が架かる。その奥に、霊元天皇をはじめとする二十三代の天皇の毛髪・爪を収めた屋舎があり、垣で結界され、戦前までは宮内庁の管轄であった。

燈籠堂《とうろうどう》

参道正面の石段を登ると、大きな御堂が参拝者を待ち受けている。燈籠堂である。もともと御廟の前の禅室ではなかったかと考えられる小さな堂舎であったものが、治安三（一〇二三）年に藤原道長により大きな堂舎に建て替えられた。現在の建物は鉄筋コンクリート造成で、高野山開創千百五十年を記念して、昭和三十九（一九六四）年に改築された。

薄暗い堂内は内陣、外陣を問わず、全国の大師信者から献じられた無数の燈籠が天井から吊り下がり、ほのかな光となって目にとどく。内陣で僧侶の読経する声が耳を打ち、灯明の油のにおいが鼻を突く。一歩足を踏み入れると、一気に異界に導きこまれたような驚きと、緊張感に襲われる。

正面奥に区切られた枠に掛けられた御簾から大師の御廟が浮き上がる。その両脇の壇上に、左右に二灯ずつ、大きな燈籠がすえられていて注目をひく。過現未にわたる不滅の灯明である。右側の燈籠は祈親灯《きしんとう》と言われる、高野山の中興の祖である祈親上人の名が残されている。経済的に立ち行かず、火の消えているような状態であった高野山に火をともし、復興した上人の業績は、灯明の名としても残る。この灯明は和泉の国のお照という名の貧しい女性が、養父母の菩提のために、自分の髪の毛を切って金銭に変え、それで灯油を買って献じたいわれから、

御　廟

「貧女の一灯」とも言われている。

左側の内側の一灯は、白河上皇が登山の折に献じたいわれから、白河灯という。さらに左右にある二灯は、昭和天皇が献じた昭和灯である。

御廟《ごびょう》　燈籠堂の左側の外縁を回ると、正面が弘法大師の御廟である。その前は四六時中、香煙が立ちこめ、熱心に祈りを捧げる大師信者の読経の声が交錯している。裸足でお百度を踏む人の姿もよく見かける。大師はいまもこの廟所にいまして、人々のいちずな願いに応え、救いの手を差し伸べてくださるとの信仰は、千年の時を越えて人々の間で今も保ち続けられている。

御廟の左端に六角形の堂が建つ。墓地を持たぬ方々のための納骨堂である。

石仏供養塔

右側に建つ小さな社は、平安の中期に勧請された丹生都比売之命を祀る。この社が高野山に最初に迎えられた丹生都比売神社とみる説もある。

最も右端にある桃山式の建造物は、石田三成が亡き母堂の菩提のために建てた経蔵で、高麗版の『一切経』を収蔵している。

永遠の安らぎ

燈籠堂から少し離れた場所に、第二燈籠堂が弘法大師入定千百五十年御遠忌の記念事業として建立された。信徒の献灯が相次いだためである。これら二つの燈籠堂の建設にあたって、整地のために掘ると、予期せぬおびただしい数の埋蔵物が発見された。それらのうち、石仏と石碑を集めて、ピラミッド状の供養塔が建てられている。

大師の御廟の前に、古くから貴族のみならず名もなき庶民がひそかに土中に納骨し、あるいは写経、陶磁器、古銭などを埋蔵し、亡き人の行く末を祈った歴史の跡が、これらの掘り出し物によって知られることになった。名の知れた大名や武将だけではなく、一般の民衆が弘法大師のそば近く、永遠の安らぎを得ようと登山し、埋葬した、時代を超えた大師信仰の幅の広さに驚嘆しないわけにはいかない。

奥之院の参道を引き返す。冬の日没は駆け足だ。参道の両側の石燈籠に電灯がともる。人影はほとんどない。杉の大木の間を飛び交うムササビの羽音が時々かすかに耳に届くが、静寂そのものである。天地にみなぎる霊気が高野の夜の帳をしめやかに下ろしてゆく。

第二章　高野山の四季

駕篭に乗る法印

1　冬

高野の冬は永く厳しい。全山が雪と氷にすっぽりと覆われ、参詣の人影もまばら、人も、野鳥も、虫も、獣も、ひっそりと冬籠りに入る。

厳冬の深い眠り

戦前は高野山にも外輪山にスキー場が開かれていて、三つのゲレンデで壮若男女がシュプールを交錯させ、少しは賑わっていた。だが戦時中、芋畑に変わり、戦後はその姿を消した。

高野山の年中行事に記載されている法会《ほうえ》も、寒さの厳しい冬の間はさすがに少ない。冬の間の行事として主なものは、正月の修正会《しゅしょうえ》と、二月の常楽会《じょうらくえ》である。

御幣鋏《ごへいはさ》み

高野山のお正月は、元旦の後夜《ごや》の御幣鋏みが皮切りとなる。密教の儀礼では、後夜とは夜の後半部で早朝のこと。一日の始まりは後夜になる。元旦の後夜は大晦日の夜半である。

御幣鋏みは、奉書紙を束ね、作法に従い鋏みを入れて切り、神社に奉納する幣を作る。弘法大師の住坊であった中院《ちゅういん》といわれる現在の龍光院に、この行事が受け継がれている。昔は暮れの二十八日に行い、以後も祈願を続けたが、現在は大晦日の夜だけの行事になっている。

龍光院では、大晦日の暮れ六つの鐘とともに、御幣に祈願を捧げた後、松明《たいまつ》を掲げて伽藍《がらん》に向かい、後夜の大塔の鐘、百八つを聞き、御幣を伽藍の明神社《みょうじんしゃ》に奉納する。

修正会

修正会《しゅしょうえ》

正月の修正会は、元旦より三日まで、奥之院の燈籠堂《とうろうどう》では壮年の僧侶が主体となり、また伽藍の金堂《こんどう》では青年僧により、両壇にわかれて、その年の国家の安泰、世界の平和、五穀の豊穣、万民の豊楽《ぶらく》を願う法会が執り行われる。五日には全山僧侶が大塔に集会し、修正会が行われる。その際、金堂の法会は薬師悔過《けか》、大塔の法会は大日悔過、それぞれの悔過法が主体となり、『般若心経』の読誦《どくじゅ》を伴う。悔過とは自分の犯した一切の罪を至心に懺悔《さんげ》し、心身を清浄にして、攘災《じょうさい》を祈願する法会をいう。

攘災祈願のために、漆の木を伐り、加工した杖を用いる。その漆の杖は修正会の最終日に、加持した僧が持ち帰り、自坊の災難除けの祈願に充てる。

この修正会の最終段階には、牛王宝印《ごおうほういん》という宝珠《ほうしゅ》を礼拝し、漆の木を削って作った牛王杖で邪気を払い、福と寿を祈る儀式が加わる。

宝来《ほうらい》　お正月には、高野山の各寺院や、伽藍、奥之院の堂社では、本堂や床の間の長押《なげ》しの正面に、宝来と言う名の絵を切り抜いた紙を掲げる習わしがある。もとは絵絹《えぎぬ》に画かれたものだったが、現在は奉書紙に、壽の一字、宝珠、あるいはその年の干支《えと》の姿などが刻まれる。

純白の紙に、新しい干支の動物のさまざまな姿が、切り絵になって床に張られたのを見ると、新しい年が始まるとの実感が沸き起こるから不思議である。この切り絵には、長年、山の空気を吸い続けてきた者の感性を呼び起こすなにかが潜んでいる。

宝　来

常楽会《じょうらくえ》

二月十四日の夜九時ころから翌日の正午前まで、金剛峯寺の梅の間と大広間を通して、正面に釈迦涅槃《ねはん》図を掲げ、夜を徹して行われる。釈尊に対する追悼法会で、もとは涅槃会《ねはんえ》と称した。十三世紀の初頭に明恵《みょうえ》上人が作った涅槃、羅漢《らかん》、遺跡《ゆいせき》、舎利《しゃり》の四種類の「追悼文」（四座《しざ》講式という）をもって釈尊の生涯の業跡を讃え、音声朗々と伝統的な声明《しょうみょう》の節回しで唱え上げる華麗な法会である。

厳冬期の真夜中に行われる儀式であるため、隣の土室《つちむろ》の囲炉裏に昔ながらに薪火を入れ、そこで出仕《しゅっし》の僧が交代で暖をとりつつ、夜を徹しての行事が続く。十二時間を超える法会で、そのうえ凍

常楽会の時に掲げる涅槃図

常楽会の法会の様子

えつく寒さにかかわらず、思いのほか多くの参詣者がこの囲炉裏の周辺に集まり、伝統的な声明の格調高い節回しにうっとりと酔いしれているうちに、時間の経過を忘れる。近年この法会に陪席して、俳句会が催されたりすることもある。

高野山の学道

僧を志し、高野山のいずれかの寺院に入った少年が、得度を済ませ、仏に仕える所作と読経を習った後に、学僧となるには、学問の階梯《かいてい》がいくつか設けられており、それらの階段を順に履修していかねばならない。ここで学道の次第について簡単に述べておきたい。

高野山の僧侶としての届けを、交衆《きょうしゅう》という。その届けが受け付けられると、初めて空衣《うつお》と白袈裟《しろげさ》の着用が許される。その後、三十歳前後に黒袈裟に代わり、入寺《にゅうじ》の位につく。

その間に百日間の加行《けぎょう》という厳しい行を積み、インド以来伝えられてきた真言密教の秘法の伝授たる伝法灌頂《でんぽうかんじょう》を受ける。それだけではなく学問に志す僧としては、勧学会《かんがくえ》という高野山独特の学問研修の過程を二年にわたって履修することが要請される。

四十歳前後に阿闍梨位《あじゃりい》に昇進すると、御影堂に入ることが許され、内陣で行法することができる。この時期に、勧学会の第三年目の学習に挑戦する。

さらに修行と学問の研鑽に励み、五十歳前後になると、高野山僧侶の高位より順に二人の学僧が選出され、丹生・高野両明神をそれぞれの自坊に迎えて、精進潔斎《けっさい》し、日々の供養に努め、学問の研磨に精を出す。さらに翌々年に両者はそれぞれ勧学会の一臈《いちろう》(首席)と二臈《にろう》(次席)、すなわち教授役を務める。その翌年に内談義《うちだんぎ》と御最勝講《みさいしょうこう》の学頭を務めあげれば、学道が成満し、それぞれ左学頭《さがくとう》と右学頭《うがくとう》に昇進する。そこで黒の塗杖、黒の塗下駄、羽二重《はぶたえ》帽子《ぼうし》の着用が許され、上綱《じょうごう》と呼ばれる。このように高野山に在住を許される僧侶は、学問に通じた人材たることが要請される。

学問を磨き上げ、諸種の法会に参加し、割り振られた諸役をつつがなく務めあげて、席順に毎年一人ずつ、最高位の法印《ほういん》に昇進する。任期は一年間。長年の節制と修練を積み、現在では、ほぼ七十代になって初めてこの最高の地位に就くことができる。法印は弘法大師の御名代《ごみょうだい》と全山の僧侶より崇められ、諸種の法会の導師を務める。正式の名称は寺務検校執行法印《じむけんぎょうしぎょうほういん》という。検校とは行政職の最高位であるが、現在その機能は、宗務を担当する執行長《しぎょうちょう》すなわち宗務総長、ならびに執行すなわち各種の部長職が受け持つ。したがって、現実に法印は行政にはたずさわらない。

法印職を一年間無事に務めあげると、前官《ぜんかん》と呼ばれ、以後、諸種の法会に出仕する義務を免除される。いわば隠居役である。前官は紫色の衣に変わり、法印と同じく緋袈裟をつける。

法印昇進式と転衣式

法印の昇進式は毎年二月二十二日、金剛峯寺の上段の間で行われる。この日、新たに法印職に進む上綱は、座主より辞令が交付され、また前の法印の手から、法器《ほうき》(特殊な修法の道具)が受け渡されて、一年間の重責を担う自覚を新たにする。

法印就任を披露する式典は金剛峯寺の梅の間と大広間を開き、全山の僧侶と多数の信徒に見守られて進行する。それまでの黒袈裟と黒衣がこの日を境に、緋色の袈裟と緋色の衣に変わる儀式のため、転衣式《てんねしき》といわれる。杖も履物もこの日を境に、黒塗りから朱塗りに変わる。

壇上に坐す新法印に、松三宝《まつさんぽう》の儀礼が献じられる。松三宝とは白木の三宝の台の上に、昆布

松三宝の儀式

を乗せた米をピラミッド状に積み上げ、その中央に小さな松の木を埋め込んだ祝賀の法具である。次席の僧が新法印の前に進み出て、松三宝から祝い箸を用いて米粒に昆布を巻き、恭《うやうや》しく法印に献じ、法印はそれを懐紙で受ける。

次いで法印は同じ所作を逆に次席の僧に行い、それが終わると、全山の上位の僧二人ずつが法印の前に進み出て、丁重に頭を下げて挨拶し、順に松三宝から米と昆布を受けて自席に戻る。

新法印の前で、服従を誓う全山の僧という、昔の大名に対する家臣の所作を思わせる行事は、寺務検校執行という肩書をもつ、かつての法印職の為政者としての絶大な権力を偲ばせる。

法印転衣式は参列する信徒の数が多いため、大広間と廊下の間の障子はすべて取り払われる。高野山では、それまで冬籠りの生活が一気に春の気配を感じるような転換点が転衣式だといってよい。まだ大雪に見舞われる年もないではないが、たとい寒風に首をすくめる気温であっても、転衣式は高野山にとっては、春一番といってよい晴れの儀式の日なのである。

法印転衣式が終わると、昼の斎食《さいじき》が参列者全員に出され、法印の関係者が法印とともに挨拶に回る。その後、法印は古式豊かな装飾を施した駕篭に乗り、自坊に帰る(本章扉写真)。

2　春

御衣加持《ぎょいかじ》

今もなお奥之院の御廟《ごびょう》にいまして衆生救済にあたっておられる弘法大師に、毎年新しい御衣が捧げられる。その衣は毎年夏から秋にかけて、塔頭寺院《たっちゅういん》(子院)の宝亀院《ほうきいん》にある御衣井《おころもい》から汲まれた、閼伽《あか》(浄水)で檜皮色《ひわだいろ》に染めて作られる。翌年三月十七日に、その御衣を宝亀院の本堂に安置し、法印をはじめとする僧が、加持の儀式を行う。加持された御衣は三月二十一日の正御影供《しょうみえく》に、奥之院の燈籠堂において、法会の後、御影堂の内々陣に収められる。

毎年、法印転衣式から御衣加持のころになると、鶯《うぐいす》の初音が聞かれる。だがまだこの時期には、「ホーホケ」くらいの未熟な鳴き声が、五月の連休の前後に催される春の大法会のころには、一人前の鳴き声になって、大法会に盛んに声援を送り届けてくれる。

正御影供《しょうみえく》

弘法大師の御入定の日、三月二十一日には、新暦と旧暦の両日ともに法印が主体となる法会が修せられる。これを正御影供という。この日にも、法印には御駕篭が用意され、それに乗って御影堂と奥之院の燈籠堂にいたる。

近年、旧暦の正御影供の前夜には、伽藍の御影堂に燈火がいっせいに点じられ、大勢の信徒も参加して盛大な御逮夜《おたいや》の法会が営まれる。

旧正御影供《きゅうしょうみえく》のころになると、平地よりほぼひと月遅れで、山の桜も満開を迎え、晴れやかな彩を添え、多くの参拝者で賑わう。

仏生会《ぶっしょうえ》

四月八日、金剛峯寺の大広間において行われる、釈尊の誕生を祝う式典である。正面に誕生仏が祀られ、法会の最終段階に、式師(登壇する最上位の僧)をはじめ職衆は順次に前に進み、誕生仏に柄杓《ひしゃく》でもって甘茶を掛ける。当日は参拝者全員に、甘茶がふるまわ

大曼荼羅供

れる。

大曼荼羅供《だいまんだらく》

高野山で行われる諸法会の中では最古の起源をもつといわれる。大師みずから天長九（八三二）年に萬燈萬花《まんとうまんげ》の大法会を執り行われた後、山麓において母君のために実施されたとも言われる。現在でも、最も大がかりな法会であるため、このような伝承が生まれたのであろう。途中でたびたび中止されることがあったが、現在も執行されている。

仏像や曼荼羅の新造、堂塔の建立などを祝って行われることが多いが、高野山では、春秋二回、春は四月十日、全山の僧が参加して、伽藍の金堂において、秋は特定の僧によって、宝寿院において、先師の追善供養のために、年中行事として執り行われる。

春の大曼荼羅供は、導師を務める法印をはじめ職衆全員が、まず伽藍の大会堂《だいえどう》に集合し、沙汰人《さたにん》の披露文《ひろうぶみ》という法会の次第順序の説明を聞いた後に、金堂まで敷き詰められた菰《こも》の道を進み、途中で散華《さんげ》したり、止まって大声で声明《しょうみょう》を唱えたりして、梵鐘《ぼんしょう》と法螺貝《ほらがい》の音とともに金堂の中に入り、金胎両部の曼荼羅の前で法会が執り行われる。入堂にあたって列をなし、筵《むしろ》を敷いた通路を通り途中で儀式を行って入堂するために、この形式の法会を、庭儀《ていぎ》大曼荼羅供という。

雨の日であれば、庭の行儀は行わず、金堂の裏堂に集合し、東側の縁を廻って金堂内に入る。この場合、堂上《とうしょう》大曼荼羅供という。

結縁灌頂《けちえんかんじょう》　五月一日から三日にかけて、金堂において胎蔵界の結縁灌頂が開壇される。結縁灌頂とは在俗の信者の方が、仏さまとの御縁を授かる儀式である。庭儀大曼荼羅供と同様に全員が大会堂から金堂までの間、庭の儀式を行って、金堂に入る。金堂では外陣《げじん》に、戒壇が設けられており、法印が戒師《かいし》となってその壇に上り、受戒者の代表に対して、三摩耶戒《さんまやかい》を授ける。

三摩耶戒とは密教独自の戒律で、四重禁戒《しじゅうきんかい》ともいわれ、邪教《じゃきょう》に迷うな、菩提心《ぼだいしん》を捨てるな、法を惜しまずに説け、利他行《りたぎょう》に努めよ、以上の四ヵ条からなる戒である。

受戒者は三摩耶戒を受けた後、戒の説明を聞き、内陣《ないじん》に目隠しして手を引かれて入る。胎蔵界の曼荼羅の前に導かれ、両手を組み合わせ、両方の人差指だけ立て、両指の間に樒《しきみ》の葉を一つはさみ、曼荼羅の上に落とす。大日如来と直接、縁結びをする投華《とうけ》得仏《とくぶつ》の儀式である。

その後、導かれて、戒師の坐《ざ》す壇の前に進み、そこで五仏の宝冠をかぶされ、曼荼羅の仏さまとの結縁の伝授が行われる。真っ暗闇の中で、厳粛に行われる大日如来との縁結びの儀式を終えて、受者はいずれも緊張した面持ちをもって、内陣から退出する。結縁灌頂を受けることは、在家の方にとって、非日常的な神秘的な体験を味わうことのできる最初の機会といってもよいであろう。

十月一日から三日にかけて、同じく金堂において金剛界の結縁灌頂が開かれる。儀式は同じであるが、金剛界の曼荼羅を前にして、金剛界の大日如来との縁結びとなる。秋の灌頂では、大本山宝寿院の門主が戒師を務める。

春秋ともに結縁灌頂の受者を希望する人が多く、それぞれ三ヵ日で近年は二千人を超える。そのため複数の受者が同時に入壇し、戒師も数名の前官御房が務めることが恒例となっている。

3　夏

竪精《りっせい》の儀《ぎ》　旧暦の五月三日の夜に、伽藍の山王院において徹夜で行われる古式豊かな論議の儀式をいう。

南都興福寺で行われていた『法華経』と『維摩経』による二会の形式に倣って、応永十四(一四〇七)年五月三日に山王院において初めて実施された。

現在は勧学会の三年目の学習を終えた二人の僧が、旧暦の九月三日から山内の席順に従って一年間、それぞれ明神を自坊に迎え、精進潔斎《けっさい》して御本地供《ごほんじく》という特別の修法を毎日怠らず供養する。その間は論議の議題についての研鑽を積み、竪精の儀に臨む。

両人のうち上位の僧が精義《せいぎ》、下位の僧が竪義《りゅうぎ》の役を務める。竪義とは義を竪《た》つ、つまり理論構成を作り上げる役で、精義とはその竪てられた論議の内容を精査して判定を下す役である。

当日は山王院に若手の僧が数人参加し、ともに法会を行った後、若い僧が論議を展開し、竪義者と討論を重ねる。若手の僧は次々変わって竪義者に切り込み、さらに討論を重ね、内容を深め、五人との討議を終えると、夏の短い夜はほのかに明るみ始める。最後に精義者が御領解《おりょうげ》という判定を下して、徹夜の論議は最終決着を迎える。

テーマは、『大日経』の注釈書『大日経疏《だいにちきょうしょ》』と、『大乗起信論』の注釈書『釈摩訶衍論《しゃくまかえんろん》』と、祖典(弘法大師の著作)のうちの一書の三種の論書を年ごとに順に取り上げる。

いずれかの書を中心に研鑽の成果を披露し、さらに付加された論議では、真言教学に関する重要な課題が俎上《そじょう》に載せられ、各種の譬《たと》え話を交えて論議が深められる。ただし討議の形式が室町時代の伝統を固守しているため、現代人に理解しがたい論議の内容になっているという問題も残されている。

とはいえ現代では理解するに困難な論議の形式を、数百年の間、孜々《しし》として守り続けてきた伝統の重さに驚嘆の念を禁じ得ない。竪精の儀のような伝統的な学問研鑽の儀式は、現在では高野山に残されている貴重な文化遺産であるといってよいであろう。

夜明けには、猿が出てきて、論議をまねたといういわれにちなんで、若い僧が山王院の縁にうずくまり、論議のまねをする「猿引《さるひ》き問答《もんどう》」も行われる。

夜明けまで続いた論議が決着した後に、竪義者の自坊に、竪精の儀に参加した者だけではなく、全山の僧が集まり、朝餉《あさげ》を共にし、朝から祝杯を挙げる習わしである。

青葉祭り

青葉祭り（宗祖降誕会）

高野山は一年を通じて湿気がきつい。紀伊半島は一年で最も雨量の多い地帯である。とくに梅雨時には、肌がジメジメして不快度が高い。このような時期に、高野山の祭りが最大に盛り上がりを見せるから不思議である。

六月十五日は弘法大師の誕生日とされる。この日は真言密教を伝えた第六祖の不空三蔵《ふくうさんぞう》の命日にあたり、いつのころからか三蔵の生まれ変わりという伝承をもつようになった大師の生誕の日と信じられるようになった。

ちょうど高野山では、梅雨の真っ最中であるが、執拗な雨の合間に青葉が色を深め、むせ返るような独特のにおいがあたりに充満する。そのためこの日の行事は、宗祖降誕《しゅうそごうたん》会《え》よりも青葉祭りという一般的な名前のほうがふさわしく、今ではこの名が人々の間に定着している。

降誕会の法会は午前九時から始まり、法会は独特の節回しの祭文《さいもん》と声明によって大師の生涯の事績が賞賛され、正面に祀られた稚児大師《ちごだいし》の像に、職衆が交互に灌沐《かんもく》(甘茶をかける)し、祝賀の意を表する。

この稚児大師を御簾《みす》の中に移し、台座に乗せた花御堂渡御《はなみどうとぎょ》が奥之院の一の橋から正午ごろに出発する。小学生の鼓笛隊を先頭に、四天王の面をかぶった人たちに護衛された花御堂の引綱は、着飾ったこども園児のお稚児さんが握る。メインとなる稚児大師の後には、全国から集まった信者の方々が御詠歌《ごえいか》、大師音頭、いろは音頭などを声高々に唱えながら、金剛峯寺前の広場までゆっくり行列して進む。

梅雨の最中ではあるが、大雨のために中止になったことは最近あまり聞かない。さすがにからっとした晴天は望み薄であるが、曇天あるいは小雨の中で、お祭りの熱気は最高潮に達する。

前夜は高野山の商工会の若手によって作られた、大師の生涯の一コマを表現したネブタが町中を練り歩く。また当日には、ゆかりの書道展、仏画展、華道展、写真展などが、金剛峯寺の別殿、新別殿などで開催され、参観者で賑わう。さらに金剛峯寺の奥殿では、高野山の寺族婦人(住職の夫人や娘さん)によって、茶会も開かれ、抹茶のお接待を楽しむこともできる。

例年、このころから高野山では、高山植物の石楠花《しゃくなげ》の開花期を迎える。石楠花の古木は、塔頭の金剛三昧院《こんごうさんまいいん》の玄関前庭の山に豪華な盛り上がりを見せて咲く。また近年になって植えられたものだが、総本山金剛峯寺の中庭と、表門、東門の前に群生する石楠花も、かなり見応えがある。

内談義《うちだんぎ》

旧暦の六月九、十の両日に、金剛峯寺の梅の間、大広間において行われる論議法談、すなわち真言密教の教義に関する討論の儀式は、内談義と呼ばれる（カラー口絵）。学道を修錬する中で、竪精の儀を成満《じょうまん》し、翌々年に勧学会の学頭役を務めた次の年に、二人のうち左学頭（首席）が初日、右学頭（次席）が二日目に、それぞれ交代でこの内談義の主役の座に臨む。

第一日目は、読書《とくしょ》という役を受け持つ僧が装束して金剛峯寺内の正面の庭に設えられた椅子に座し、定刻になると、童子を引き連れ、案内されて唐戸《からと》前《まえ》から、寺内に入り、梅の間の席につく。次いで左学頭は正面に設けられた壇上の席につくと、学頭に縁の深い僧がその前に進み、香《こう》の火取《ひと》りという独特の儀式で、道場を浄化し、練学会《れんがくえ》の開始を告げる。

学頭がその日の論議のテーマを披露した後、若い学僧の頭となる者がその前で、学頭の経歴とその学識を讃嘆《さんたん》し、その日の議題について自己の見解を披露する。それが終わるや、すかさず若い学僧たちの討論が開始され、喧々諤々《けんけんがくがく》、延々と熱い論争が続く。最後に学頭がそれらを総括する御領解を披露して終わる。

金剛峯寺座主、法印、前官御房をはじめ有縁の僧侶が、上段の間から御簾《みす》越しに聴聞する厳粛な討議の儀式である。終わって一同に、奥書院にて御斎《おとき》すなわち昼食が振る舞われる。

第二日目は、代わって右学頭が主役の座につき、同様の儀式が執り行われる。

次に参考までに平成二十六(二〇一四)年の内談義の内容について、簡単に紹介しておく。当年の主題は大師御作の『秘蔵宝鑰《ひぞうほうやく》』巻上である。この主題は『大日経疏』、大師御作(現在はほとんど『秘蔵宝鑰』)、『釈摩訶衍論《しゃくまかえんろん》』の三種の典籍《てんせき》が交代で取り上げられる。

論議の主題は、初日の一番が「大日経教主」、二番が「三密双修《さんみつそうしゅ》」、二日目の一番が「五仏心《ごぶっしん》王《のう》」、二番が「度生願満《どしょうがんまん》」となっている。

「大日経教主」とは、大日経を説いたのは、法身の内、本地身《ほんじしん》か加持身《かじしん》かの論で、本地身の主張が優位を占める。

「三密双修」は、一密ないし二密でも成仏するか否かの論で、三密を修することが本来の立場であると結論づけられる。

「五仏心王」の論議は、金胎両部の主尊である大日如来はその四隅に四仏が配せられているが、その中尊の大日如来だけではなく、四仏を含めて主とみなすとの意見に軍配があがる。

「度生願満」は、悟りの境地に至った者が、衆生救済の活動に出ることは可能か否かが論議せられ、可と決着される。

これらの論議には、各種の比喩《ひゆ》が取り上げられるが、現在では理解しがたい内容とか言葉があり、聞くだけではきわめて難解である。

なお、この論議の形式と内容は、現在では勧学会においても、ほぼ同様となっている。

御最勝講《みさいしょうこう》　旧暦の六月十、十一の両日の夜、伽藍の山王院において行われる練学会は、御最勝講といわれ、内談義と同じ左右両学頭が交代で主役となって務める。内談義は内々の練習会で、御最勝講は本番にあたる（カラー口絵）。
御最勝講はもともと聖武天皇が奈良の大安寺《だいあんじ》の道慈《どうじ》を講師として、天平九（七三七）年に初めて行われた、『金光明最勝王経』について討議する儀式であったが、それを密教の練学会に変えて、承安三（一一七三）年に高野山で始められた。

当日、金剛峯寺の大広間に集合し、簡単な法会の後、暮れ六つの鐘とともに、左右両学頭は侍者を従え、伽藍金堂前まで一山の僧たちに見送られ、山王院に入る。そこで荘重な法会を修し、続いて、テーマに従って次々に議論の応酬が繰り返され、夜半に及ぶ。

高野山の学僧はこの御最勝講の学頭を務めあげると、初めて上綱の職位に上り、羽二重帽子、黒下駄、黒塗り杖の着用が許される。

明神を自坊に招請し、一年間の奉仕が始まると、上綱位の最終段階、つまり法印に昇進する直前まで、明神講に入り、毎月まわり持ちで開かれる講に参加し、明神講式《みょうじんこうしき》を修し、全員で供養する。現在その後にお斎が出され、それをいただいて解散という習慣になっているが、主催した寺院の上綱は、その記録を残し、次に伝える。

おそらくこの記録を残す方式は、高野山の重要な問題の審議を、上綱という選び抜かれた上位の学侶が審議し、指導した名残ではないかと考えられる。

不断経《ふだんきょう》　八月七日より一週間、伽藍の金堂に上綱以下の僧が交代して集まり、不断に修せられる法会のため、不断経の名がある。十一世紀末、高野山の中院流の祖である明算大徳が始めたとされる。現在は朝に三座《さんざ》(初夜、後夜、日中)連続して、諸精霊《しょしょうりょう》の得脱《とくだつ》のために執行せられる。

二人の導師が金堂の内陣に入り、金胎両部の壇に上り、それぞれ理趣法《りしゅほう》を修す。職衆《しきしゅう》は外陣《げじん》から内陣《ないじん》にかけて、声高らかに『理趣経』を節をつけて唱えながら行道する「中曲《ちゅうきょく》理趣三昧」の法会を行う。その際、三座目に読経の最後の部分を残し、残りの部分は翌朝の最初に読むという変わった形をとる。これも不断に経典を読み続ける形式を保存したためであろう。

盂蘭盆会《うらぼんえ》

八月十二日から十四日にかけて総本山金剛峯寺をはじめ、山内の各寺院において、盂蘭盆会の行事が行われる。本堂あるいは持仏堂に、施餓鬼壇《せがきだん》を設けて、先師や有縁の諸精霊の肖像、位牌を祀り、精霊の菩提《ぼだい》を弔《とむら》う。住職は墓参し、奥之院の燈籠堂から分灯された火を、各寺院の本堂前に吊るした切子燈籠《きりこどうろう》に移し、精霊を迎える。

ろうそく祭り

八月十三日夜、奥之院の参道の両側に、ろうそくが並び立てられ、参詣者が点灯する。十万本ともいわれるろうそくの火が、参道二キロメートルにわたって暗闇の中に列をなして輝き、幻想的な雰囲気を醸し出す。

午後八時に燈籠堂では、有縁無縁のあらゆる精霊の菩提を願う厳粛な法会が営まれる。山内あるいは近郊に住む在家の方々は手に小さな提灯を下げ、参道を照らすろうそくの火を、その

ろうそく祭り

中に移して持ち帰り、自宅の盆提灯に移し替える。お盆の精霊迎えの行事である。

四十年ほど前に、高野町の青少年団体連絡協議会が主催して始まった新しい行事であるが、今日では、高野山の夏を彩る最大のイベントにまで成長した。

4　秋

勧学会《かんがくえ》　旧暦八月二十一日から十日間、勧学院《かんがくいん》において行われる高野山学道の最終段階の儀式。高野山の各寺院において、師につき、経論《きょうろん》や祖典《そてん》(弘法大師の著作)の学習にはげんだ若い学徒が、みずからの学習の成果に自信をもったとき、その年の勧学会の一臈《いちろう》(首席の僧)の許《もと》に競望願《けいもうがん》を提出する。認められるとその年の勧学会に、初年目の新衆《しんじゅ》として、十名前後が参加することが許される。

最初の十日間は、まず勧学院において法会を修した後、一臈あるいは二臈の寺において練習を積む。十日廻《とおかまわ》し、あるいは一巡問講《いちじゅんもんこう》という。次の十日間は金剛峯寺の奥書院にて、同様の論議の練習を重ねる。二日廻しという。以後、二年目と三年目の学徒も参加する。

籠《こも》りという二日間の余裕の日をおいて、いよいよ最後の十日間、勧学院において本会《ほんね》に入る。明け六つの鐘とともに、全員が勧学院に入る。新衆は籤《くじ》を引き、当たった者は当日の講讃《こうさん》を披歴する。その後、当日の主題に従い、問題点についての討議が始まる。それが終わり一臈、あるいは二臈から御領解《おりょうげ》(総評)が下され、順次退席する。同様の方式で十日間の論議が繰り広げられる。

古い時代には、この勧学会において合格すれば、禄《ろく》をもらって山内において学侶として処遇されるが、落第するとわずかな旅支度を持たされて、大門より放逐《ほうちく》されたと言い伝えられている。現在では形式的な論議と討論が儀式となって伝統的に守られている。

紅葉と雪

秋には、金堂でお彼岸の法会が執り行われ、金剛界の結縁灌頂も開かれる。

十月十六日には明神社を中心に、お祭りが催され、御神輿が山内を練り歩き、餅まきも盛大に行われる。このころになると、紅葉も始まり、山全体が黄色と紅色に染まり、数多くの見物の人々と右往左往するカメラマンで異常な賑わいを見せる。

十一月に入ると、寒さも加わり、木々の葉に結氷がつく。時には粉雪も舞い始め、長い冬籠りの支度が急がれるようになる。かつては落ち葉をかき集め、燃やす煙が山内各所に立ちのぼって、冬の訪れを実感したものであるが、最近ではそれも行われなくなった。有害ガスの発生を避けるため、一括して落ち葉を焼却するためだという。

十二月下旬、雪が本格的に降り始める。山も道路も街も、白一色。獣も、虫けらも、野鳥もすっかり冬籠りに入っているようだ。参道には深い靴の跡が一直線に続く。時折、杉の大木からすべりおちた雪がガサガサとものさびしい音をたてる。

凍てつく森羅万象《しんらばんしょう》、春が待ちどおしい。

第三章　高野山の開創

大師と猟師と犬(弘法大師行状図絵)

1　なぜ高野山を開創したのか

高野山の開創目的

弘仁七（八一六）年、高野山は歴史の上に姿を現した。この年の六月十九日付けで、沙門《しゃもん》空海の名により朝廷に提出した上表文《じょうひょうぶん》が『性霊集補闕抄《しょうりょうしゅうぶけつしょう》』巻第九に残されている。そこには、

「日本において仏教は隆盛ではあるが、惜しむらくは深山において瞑想にはげむ僧が少ない。紀伊の国、伊都の郡の南に位置し、平原の幽地になっている高野山は、四面が高い峰続きで、人の通るような道がない、修禅の場所として最適と思われるので、なにとぞ下賜願いたい」

という趣旨が述べられている。

「この荒れ地を刈り平らげて修禅のための一院を建立すれば、上は国家の利益になり、下は修行者のためになる」と、その中に利益の告知も忘れてはいない。

この上表文は宮内省主殿寮《とのもりょう》の助（次官）を務めていた布勢海《ふせのあま》に託したもので、それに添えた布《ふの》助執事《すけしつじ》に宛てた私信も『高野雑筆集《こうやざつぴつしゅう》』、『拾遺性霊集《しゅういしょうりょうしゅう》』に残されている。

上表文とこの私信の内容はほぼ同様であるが、布勢海宛ての文には、開創のもう一つの動機が記されている。

「中国から帰りの海上でたびたび嵐に会い、無事に帰国した暁には、国界を擁護し、衆生を利済するために、一禅院を建立するというささやかな願を立てた。それからはや十二年を経たが、まだその願を果たしていない。神祇《じんぎ》をたばかることを恐れている」

高野山の地理的な位置に関しては、上表文と私信のいずれにも同様の記述がある。それには、「空海、少年の日に好んで山歩きをしたが、吉野山から南に一日、さらに西に向かって二日ほどの距離にある」と書かれている。

現在、吉野山を後にして高野山を目ざすには、まず奈良県の吉野川沿いに下り、和歌山県に入って名を変えた紀ノ川の上流・橋本市周辺から、南に向かうというのが通常のルートといえる。しかし吉野から南へ一日、さらに西に二日というルートは通常の平地を通ってではなく、山岳横断路である。

大師は若年のころに、すでに高野山に足を踏み入れた経験をもち、そこは山間にありながら、そこばくの平地がある。それは修行に適した地であると、早くから目をつけていたということを、この上表文は物語っている。

上表文に対する勅許の官符は、弘仁七年七月八日に紀伊の国司に下された。

開創の伝説

弘法大師の高野山の開創に関して、いくつかの伝承が語り伝えられている。有名なのは狩人の案内説である（本章扉絵）。大師が修行中に、高野山の山麓で一人の狩人に出会い、彼が連れていた犬に案内されて高野山に上った（『金剛峯寺建立修行縁起《こんごうぶじこんりゅうしゅぎょうえんぎ》』）。その狩人は丹生都比売命《にうつひめのみこと》の御子であるとされる。この伝説は大師が開創にあたって、丹生都比売神社と深い関係をもったことを示すとみてよい。

さらにまた飛行三鈷《ひぎょうさんこ》の伝説もある。大師が帰朝にあたって、明州（現在の寧波）の海岸から、密教を日本に移植し、広めるための適地を示したまえと祈り、手に持つ三鈷杵《さんこしょ》を日本に向かって投げた。後に大師が高野山に登ると、御影堂の前の松の枝にかかっていた。その奇瑞《きずい》により高野の地を、密教宣布に最もふさわしい地と決めたとされる。

密教ではその法流を師から弟子に伝えるに、両者の間に目に見えぬ糸が張られているという宿縁を重視する。このような思想が密教流布の適地選びにも、適用されたものと思われる。

登嶺の時期

紀伊の国に住む有力者に宛て、高野山の開創に伴う経済的な援助を乞うた、弘仁八（八一七）年と思われる弘法大師の手紙（『拾遺性霊集』）によれば、この年に一ないし二両の草庵（粗末な舎屋）を建てるために、弟子の泰範《たいはん》と実恵《じちえ》などが高野山に派遣されている。

さらに翌年の冬に、大師自身も登山した（弘仁十年三月十日付けの下野の太守宛ての書簡『拾遺性霊集』所収）。その翌十年の春には、高野山を聖地として浄化し、そこから悪鬼神などを追放する結界《けっかい》の儀式が、儀軌《ぎき》の定め通りに執り行われたことが知られる（「高野建立の結界の啓白文《けいびゃくもん》」『性霊集補闕抄』巻第九）。

ただ高野山を結界した後、間もなく嵯峨天皇から、中務省《なかつかさしょう》への入住の命が下り、大師は京都に帰ることを余儀なくされた。それ以後二十年ほどの間は、大師にとってはきわめて多忙な生活の連続であった。京都と高野山の間を、たびたび往復したものと思われる。

山岳仏教に対する見解の相違

現在、日本の多くの人は、「伝教大師・最澄は比叡山を拠点として天台宗を、弘法大師・空海は高野山に住み真言宗を開いた。天台、真言の両宗に代表される平安仏教は、いずれも山岳仏教である」と考えている。だが、その常識はかならずしも正しくはない。

伝教大師は南都仏教の腐敗堕落に批判的で、都塵《とじん》を離れた比叡山に本拠を構え、非俗の中で徒弟の教育を図った。まさに日本における山岳仏教の創始者たるにふさわしい。

一方、弘法大師は都の京都を中心に活動し、高野山は修禅《しゅぜん》のための地であり、合わせてそこに自己の宗教理想を具体的に実現しようとする意図をもっていた。

両者の目ざす宗教的な目的はかならずしも同一ではなく、それによって生涯における行動に相違が生じたことは当然のことといえよう。その相違には社会的な背景と、受け継いだ仏教の性格、この両方に理由があるといわねばならない。

伝教大師は仏教界の浄化を期待する桓武天皇の強力な支援のもとに、現代用語でいえば政教分離を徹底するために、非俗の地である比叡山において、その宗教的な理想の実現に専心することが可能であった。

弘法大師は伝教大師より年齢は七歳下であるとはいえ、時代は変わり、朝廷からの政治的な支援はほとんど皆無に等しい状況にあった。律令制度はかなり弛緩《しかん》の様相をみせ、また嵯峨天皇と弘法大師との関係も、趣味の文化的な面によるところが主で、政治面での蜜月関係はそれほど期待しえない状態であった。

一方、天台の教学は中国で完成の域にあり、それを法華《ほっけ》、密教、禅《ぜん》、律《りつ》の四教融合の形で日本の地に移植することは、桓武天皇の後援もあり、それほど支障があったわけではない。

それに比して本格的な密教は、日本にはまだ知られてはおらず、それを日本に初めてもたらし、社会に広く認知させるに、朝廷との良好な関係を構築することがまず不可欠であった。

さらに弘法大師の社会的な活動の軌跡は、密教の特質とも深く関連する。すなわち密教は思想的にも、歴史的にも、その中に俗と非俗の両面を合わせもつ。密教は非俗すなわち聖と俗とを鋭角的に対立させず、俗を時間かけて浄化し、最終的に聖化しようとする。

伝教大師がひたすら山に籠り、俗塵を避けたのに対し、弘法大師が朝廷と密接な関係を保つことに努め、世俗の中にあって社会活動を続けた理由に、密教のもつこのような性格を付け加えねばならないであろう。

弘法大師はこのような都市における社会活動によって生じた心労を癒し、活動のエネルギーを回復させるために、みずからをあえて非俗の世界に沈潜《ちんせん》させようとする願望を強くもっていた。そのための修禅、これが高野山を開創する第一の目的であった。

高野山の開創とその歴史的な歩み、そのすべてが弘法大師の生涯と密教思想とに深くかかわっているといわねばならない。

次に弘法大師の生涯をたどりながら、密教思想とのかかわりを考えてみよう。

2　弘法大師・空海の求法

幼少年の時代

弘法大師・空海は宝亀五(七七四)年、讃岐の国、多度《たど》の郡で、父は佐伯氏、母は阿《あ》刀《と》氏の出身で、この父母の三男としてこの世に生を受けた。

幼くして仏像を泥で作り、遊んだ。また道心篤く、自分に出家者としての資質があるか否かを問うて、山上から投身すると、途中で仏菩薩が現れ、抱き取られて助かり、以後仏道に入る決心を固めた等々、奇譚に満ちた伝説に彩られている。

これらは後に聖者となる人物にしばしば付随する幼児期の伝説とみてよい。だが歴史資料から判断すると事情は異なる。奈良時代には朝廷では藤原氏が台頭し、佐伯氏という名門貴族に繋がるとはいえ、讃岐の生家はすでにそれほどの政治的な力をもっていたわけではない。

類い稀な才能に恵まれた大師は、両親の期待に応えて、母方の伯父である阿刀大足《あとのおおたり》の指導を受け、ひたすら学問に励み、十八歳にして都の大学に入ることができた。

だが官界での出世を目的とする当時の大学生活に、この田舎から出てきた秀才の少年は到底なじむことができなかった。このころ、一人の沙門《しゃもん》に出会って、虚空蔵求聞持《こくうぞうぐもんじ》の法を授かり、山岳修行に励むことになる（『三教指帰《さんごうしいき》』序文）。おそらく大学は中退したものと思われる。

ここに若き日の大師の官学に付随する俗界の出世の断念と、山林仏教への志向の端緒が認められる。処女作となる『三教指帰』にみられる儒教と道教への批判、仏教に対する帰依の表白は、このような若き日の大師の精神遍歴の苦悩を端的に物語っている。

『三教指帰』の原本となる『聾瞽指帰《ろうこしいき》』は二十四歳の著作と記されているが、それ以後、三十一歳で入唐するまでの確実な事跡をたどることはできない。

後に若年時代の精神的な苦悩と、それを取り除くために入唐を志した経過を、みずから回顧した文が残されている（「四恩の奉為に二部の大曼荼羅を造る願文」『性霊集』巻第七）。

私は生まれながらにもっていた性格に触発されて、苦悩を打ち砕く生の本源を探りたい

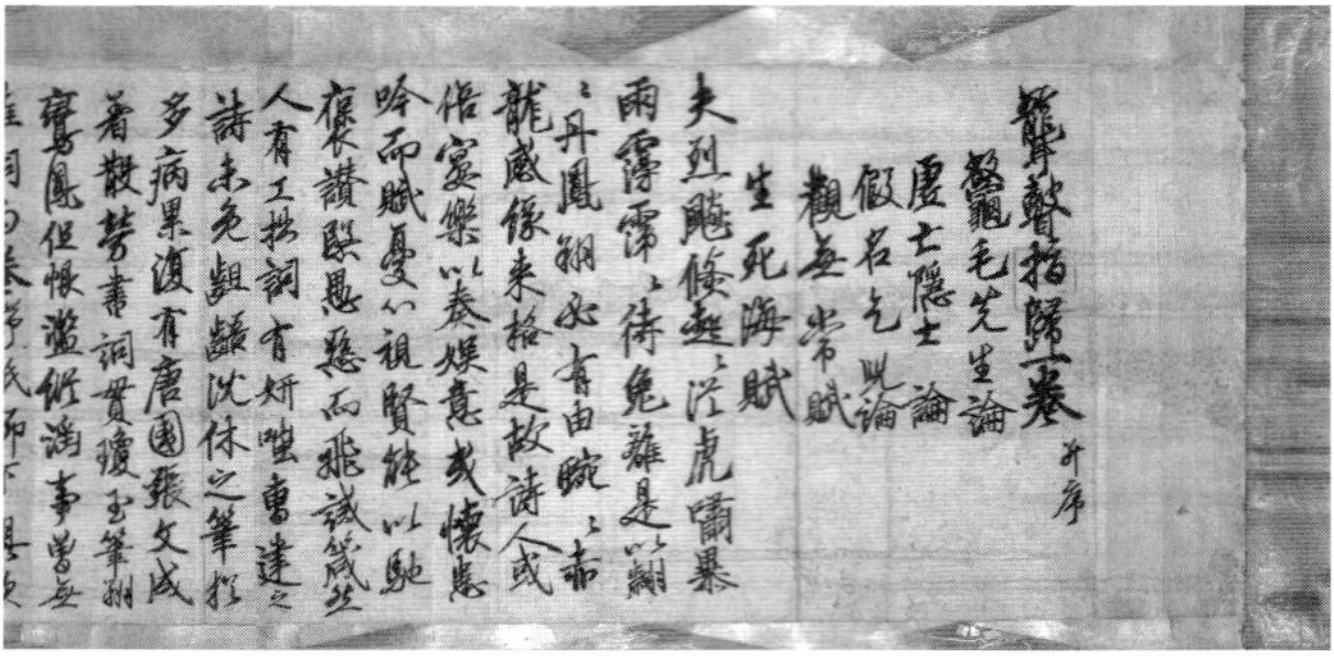
聾瞽指帰一巻　并序
龜毛先生論
虚亡隠士論
假名乞児論
観無常賦
生死海賦

聾瞽指帰

と悩んでいた。だがそこに行き着く道が見つからない。分かれ道に出会うたびに、幾たび涙を流したことだろうか。その熱い心がついに仏菩薩に通じて、密教の経典に出会うことができた。ところがその内容がよく理解できない。そこでこの疑問を解消するために仏教の本場の中国に行きたいと望んだところ、天がその願いに応じて幸い入唐できて、すばらしいお師匠さんと出会うことができた。

入唐以前に久米寺《くめでら》において『大日経』と出会ったという伝承は、この述懐から生まれたとみてよい。『正倉院文書』には、奈良時代に写経された『大日経』が記載されているから、その可能性は十分考えられる。

また入唐直前に得度、受戒した（石山寺蔵の空海度牒《どちょう》の写し)との説もある。おそらく二十代は、官から正式に認められていない私度《しど》の優婆塞《うばそく》として山岳修行に励み、南都の諸寺を訪ねて仏教の研鑽に努め、留学を目ざして語学の習得を志していたのではなかろうか。

『三教指帰』の序文に、この時代の血のにじむような鍛錬について、「仏陀のお言葉を信じて、孜々《しし》として修行に励み、阿波国の大瀧嶽とか土佐国の室戸崎で勤念すると、谷が響きを発し、明星が現れるような奇蹟が生じた」と回顧《かいこ》譚《たん》が綴られている。

十代末から二十代にかけて先の見通しのきかない暗黒の時代に、生まれ故郷の四国の山々を翔《かけ》り、野に伏し、その足跡が八十八ヵ所の霊場の形成と関連したものと思われる。また近畿の山々を踏破し修行していた際に、高野山にも足を踏み入れていたに違いない。

入唐

延暦二十三(八〇四)年七月六日、肥前の国、田の浦を出航した藤原葛野麿《ふじわらのかどのまろ》を正使とする遣唐船の第一船に、三十一歳になる沙門空海は乗船していた。どのような資格で、またいかにして渡航費用を調達したか、その詳細はわからない。途中で暴風雨に会い、八月初旬やっと中国の福州の長渓県の赤岸鎮《せきがんちん》に漂着した。十一月に福州をたち、十二月二十三日に唐の都・長安に到達した。

青龍寺

遣唐使・葛野麿は唐の皇帝に新年の賀を呈して帰国した。その後、大師は西明寺《さいみょうじ》に移り、諸大寺を歴訪しながら、みずからの願う仏教の優れた師を探し求めた。合わせて仏教に関する最新の情報収集に努め、醴泉寺《れいせんじ》において般若三蔵や牟尼《むに》室利《しり》三蔵から密教についての概要とサンスクリット語の知識を得たものと考えられる。

密教の受法

五月の末ごろ、青龍寺《しょうりゅうじ》の恵果《けいか》和尚《かしょう》のもとを訪ねたようである。和尚は大師の来るのを待ちかまえていた。六月から八月にかけて、恵果和尚は胎蔵灌頂《かんじょう》と金剛界灌頂の両部と、伝法阿闍梨位《あじゃりい》の灌頂ならびに諸尊の瑜伽《ゆが》法《ほう》を、やつぎばやに授けた（『御請来目録《ごしょうらいもくろく》』）。インド密教の祖である龍猛《りゅうみょう》菩薩、龍智《りゅうち》菩薩、金剛智《こんごうち》三蔵、不空《ふくう》三蔵、恵果和尚と嫡々《ちゃくちゃく》と相承《そうじょう》されてきた正統な系譜の密教（『広付法伝《こうふほうでん》』）が、はるか東海の果ての日本から訪ねてきた、それまでは無名の沙門に過ぎなかった空海に、ことごとく伝授されたのである。それはきわめて異例なことであった。

密教において法の授受は、一般の仏教のそれに比してとくに重要な意味をもつ。密教はその性格上、経典、論書を読み、あるいはその内容についての講義を聞くことによって、把握することはもとより不可能である。正しい系譜を継承した阿闍梨《あじゃり》から、灌頂という儀式を経て法の精髄が伝承され、みずからの宗教体験によってそれを直接つかみとることが必須の要件となる。師資《しし》の相承に資格審査は必要がない。師となる阿闍梨は、資となる弟子が密教の継承者としての資格を備えているか、直感的に判定することができる。阿闍梨が特別に認定する極めて限られた弟子にしか、法は授けられないのである。

唐代に長安の都では、インド伝来の密教が異常な隆盛を見せていた。その中心人物である恵果和尚には、中国全国はもとより、東アジアの国々から多くの求道者が集まり、弟子入りしていた。数百人を数えたと思われる恵果和尚の弟子の中で、胎蔵と金剛界の両部の密教を授けられたのは、和尚の住房であった青龍寺の後継者となった義明供奉《ぎみょうぐぶ》と、弟子入りしてそれほどの日数を経ていない、沙門空海のたった二人に過ぎなかった（『広付法伝』）。

密教の正当な相承者であり、第一人者であった恵果阿闍梨から、法を継承した感激は一入《ひとしお》の

恵果阿闍梨図（西生院蔵）

ものがあった。大師はその時の心境について、

「冒地《ぼうじ》の得難きには非ず、この法に遇うことの易からざるなり」（「恵果和尚の碑文」『性霊集』巻第二）

と述懐している。

冒地とはサンスクリット語のbodhiの音訳で、悟りのことである。悟りとはそれに向かって修行する僧侶の最終段階である。ところがこの密教の法に出会うことに比べると、究極の目標となる悟りの有無は問題にならない、と大胆に宣言していることに驚く。密教の法と出会い、それを授かることがどれほど稀有なこと

か。正当な系譜をもつ密教を相承した自負の念が、大師の自信につながり、その後の行動の原点となっている。

　恵果和尚は、その年の十二月に遷化《せんげ》された。最後の弟子となった大師は選ばれて、師のために碑文を撰《せん》している（『性霊集』巻第二）。恵果和尚は大師に対して、直ちに日本に帰り、授けた密教の流布のために努力せよ、と遺言を残していた。師の遺命に従い、大師は当初予定していた二十年の滞在日程を変更して、翌大同元（八〇六）年八月、帰国の途についた。

帰国後の動静

　大同元年十月二十二日付けで、大師は唐から請来した典籍、仏像、仏具の目録を作成し、同じ船で帰国した遣唐判官高階遠成《たかしなのとおなり》に託して朝廷に帰国の報告書を提出した（『御請来目録《ごしょうらいもくろく》』）。その中には、「経典一百四十二部二百四十七巻、梵字真言讃等四十二部四十四巻、論疏章等三十二部一百七十巻、図像曼荼羅等十鋪《ぽ》、道具九種、阿闍梨付嘱物《ふしょくもつ》一十三種」などの名が見える。

　さらに入唐求法《にっとうぐほう》の経過も記されている。その中にも、不空三蔵の流れを汲み、両部の灌頂を受けた正当な密教の相承者《そうじょうしゃ》である誇りが看取される。また新しく請来した密教の顕教に対する特色について力強い筆致で叙述している。

帰朝して二年あまりの行動も、またあまり明確ではない。いろいろな伝説が伝えられているが、大同二(八〇七)年二月には、まだ筑紫国に留まっていたと考えられる。『行化記《ぎょうけき》』によれば、大同二年四月に勅命を受けて上京し、和泉国の槇尾山寺《まきのおさんじ》に滞在し、同三年六月十九日付けで太政官符により課役を免除され、翌四年七月、高雄山寺《たかおさんじ》に移ったとされる。

大同四年四月に平城天皇にかわって嵯峨天皇が即位した。このころ、大師に入京の許可が出て、それ以後、嵯峨、淳和両天皇の庇護のもとに、華々しい活躍期を迎える。

弘仁二(八一一)年十一月に山城国の乙訓寺《おとくにでら》の別当《べっとう》に任ぜられ、翌三年十月にはそれを辞して高雄山寺に帰った。それより二年前の大同四(八〇九)年八月二十四日付けで、伝教大師より、密教経典などの借用を申し出た手紙が残されているところからみて、このころには平安仏教の両巨頭の交流が始まっていたことが知られる。

伝教大師との交流

伝教大師は弘法大師と同じ時期に入唐し、天台山において法華円教を中心に学修し、さらに禅と戒律、それに密教を学んで翌年に帰国した。このころ、日本においても密教に対する期待が大きく膨らみ、伝教大師の後援者であった桓武天皇も、伝教大師に高雄山寺において密教の灌頂壇を開かせている。

だが伝教大師は弘法大師の『御請来目録』を見て、唐の国で自分が学んだ密教が、辺地の越州に伝えられていた傍流に過ぎないことに気づいたため、都・長安に流行していた正系の密教を受法し帰った弘法大師から本格的に密教を学びとろうと志したものと思われる。

弘仁三(八一二)年十月、伝教大師は奈良からの帰途、乙訓寺に立ち寄って依頼がなされたものであろうが、この年の十一月十五日には金剛界の、十二月十四日には胎蔵法の灌頂壇が高雄山寺において開かれた。このとき、伝教大師をはじめその弟子、ならびに和気真綱《わけのまづな》、和気仲世《なかよ》、美濃種人《みののたねと》などが、弘法大師から受法している(『灌頂暦名《かんじょうれきめい》』)。

その後も弘法大師からの経典や論書の借用が継続するが、やがて両者は決別の時を迎える。伝教大師は法華一乗《ほっけいちじょう》を根幹にとらえ、密教にはそれを補佐する役割を期待した。それに対して弘法大師は密教を中心軸として、法華経を含むあらゆる顕教を密教の一部として包含する考えを譲ることはなかった。平安仏教の両巨頭はともに尊敬の念を抱きながら、密教に対する位置付けについての思想的な違いから、しだいに別々の道を歩まざるをえなかったのである。

3 弘法大師の活動と思想

著作活動

弘仁から天長にかけて、ほぼ二十年の間、弘法大師の活動は最盛期を迎える。日本に初めて請来した正系の密教を定着させ、その存在を朝野に浸透させるために、多方面に働きかけた。奈良時代に密教はすでに日本に入ってきてはいたが、いずれも断片的な呪術的な要素の濃厚なもので、思想的な影響力を持ち得なかった。このような伝播状況の中で、インドから中国を経て伝えられた正系の真言密教がそれまで伝来していた仏教に比して、どのような点においてすぐれているかを、『御請来目録』、『辯顕密二教論《べんけんみつにきょうろん》』、『広付法伝《こうふほうでん》』などの著作を通じてまず宣言する。

次いで『即身成仏義《そくしんじょうぶつぎ》』、『声字実相義《しょうじじっそうぎ》』、『吽字義《うんじぎ》』などの教義書を撰《せん》して、真言密教の思想的な特質を鮮明にする。これらの書物には、現実に存在する人間を含めて森羅万象が、密教の観点から見れば、そのまま絶対存在である大日如来に他ならないという、現象即実在の原理が多角的に論じられている。

それだけではなく、密教がもつ南都諸宗の教学のみならず、アジア各地で信奉されている諸宗教、ならびに小乗仏教などに対しての思想的な優位性を論じ、最終的には密教がこれらの宗教すべてを包含する普遍性を述べる。これらの点に関して、『十住心論《じゅうじゅうしんろん》』、『秘蔵宝鑰《ひぞうほうやく》』、『般若《はんにゃ》心経秘鍵《しんぎょうひけん》』などの著作により密教思想が顕教に対し卓越し、かつそれらを包含する点を内外に披歴する。

そのほか中国本土に伝承されていた文学理論、音韻《おんいん》論、創作技術を説く書物の中から眼鏡にかなった文章を集めたのが『文鏡秘府論《ぶんきょうひふろん》』と『文筆眼心抄《ぶんぴつがんじんしょう》』、また篆書《てんしょ》と隷書《れいしょ》に関する字典である『篆隷萬象名義《てんれいばんしょうめいぎ》』など漢詩文関係の書物も手掛けた。みずからも格調高い漢詩文を数多く作り、書においては嵯峨天皇、橘逸勢《たちばなのはやなり》とならび、平安時代の三筆の一人と称せられる名筆家でもある。

社会活動

弘法大師は弘仁十二(八二一)年五月には、讃岐の万農池《まんのういけ》修築の別当に任ぜられ、およそ三ヵ月の短時日のうちに完成させた、社会事業家としての側面も見せる。

また天長五(八二八)年十二月には、日本で最初に、万民にその門戸を開き、また仏教のみならず儒教や漢学などの外典も併せ学ぶカリキュラムを備えた総合的な教育機関である綜芸種智《しゅげいしゅち》院《いん》を京都の東寺の傍に創設し、一般庶民に対する教育活動にも貢献している(「綜芸種智院式」

『性霊集補闕抄』巻第十)。

大師は南都の諸派とは常に友好関係を保ち、弘仁年間に東大寺の別当職につき、また天長六(八二九)年に三論宗《さんろんしゅう》の学問道場であった大安寺の別当にも補任されている。また南都の僧たちと親密な交流のあったことは、『性霊集』に収録されているいくつかの手紙によってもわかる。

大師のこのような社会的な働きかけによって、真言密教の認知度は高まり、教勢は拡大し、弟子の集団も、しだいに形成されていった。

弘仁十四(八二三)年正月、官寺であった東寺が大師に給預された。以後、都における活動拠点を獲得し、ここに真言僧五十人を常住させ、真言宗という一つの教団が形成される土台が築かれた。大師は高雄山寺から東寺に居を移し、真言密教の宣布活動のために多方面にわたって寧日《ねいじつ》なく努力を傾注するのである。

承和元(八三四)年十二月、朝廷に申請した結果、宮中行事であった金光明会講経《こんこうみょうえこうきょう》において、真言僧に国家を護持し、五穀を成熟するために修法させせよとの太政官符が出されている(『類《るい》聚三代格《じゅうさんだいきゃく》』巻二)。その後、それは恒例の儀式となった。現在まで継承されている後七日御修《ごしちにちみし》法《ほ》の起源である。

翌二年正月二十三日、各宗に対する出家僧の人数割りをいう年分度者《ねんぶんどしゃ》三名が、真言宗に勅許され（『類聚三代格』巻二）、この年の二月三十日には金剛峯寺が定額寺《じょうがくじ》として認められ（『続日本後紀』巻十　承和八年二月戊申の条）、はじめて官寺に準ずる地位を与えられた。

大師が高齢にもかかわらず、これほどの活躍を必要としたのは真言宗という新しい宗派が、まだ律令国家に公的に認知されるには、他宗に比してかなりの後れを取っていたことを物語るとみてよい。

弘法大師の国家観

弘法大師は帰国以来、天皇や貴族と密接な関係をもち続けた。それは『性霊集』や『高野雑筆集』などに、関係する書簡が数多く残されているところからも明らかである。ところがこのような繫がりをもって、大師が国家権力に従属したと批判を受けることがある。

また奈良、平安仏教は護国宗教であり、その護国とは天皇を守護することだとの考え方も現在では常識化している。ここで改めて、国家という言葉の意味するものを検討してみよう。

奈良時代に律令体制が整備されるとともに、仏教においていわゆる護国経典とされる『金光《こんこう》明経《みょうきょう》』や『最勝王経《さいしょうおうきょう》』が重要視された。これらの経典の読誦によって、護られるべき国とは、皇家であり国土であり、民衆であるとの意味が、天平十五（七四三）年、『最勝王経』の転読を命じた詔勅《しょうちょく》に記されている（『続日本紀』第十五　天平十五年正月の条）。一方、国家が天皇を意味する場合も、僧尼令《そうにりょう》などに認められる。奈良時代には国家という言葉が、天皇、国土、民衆を合わせ意味する場合と、天皇のみをさす二通りの場合があったことが知られる。

弘法大師の著作である『仁王経開題《にんのうきょうかいだい》』には、「有情世間《うじょうせけん》と器世間《きせけん》を合して名づけて国と為し、般若は能《よ》く此の二世間を護って、災《わざわい》を攘《はら》い福を招く故に、護国と名づく」と述べられている。

国とは有情世間つまり民衆と、器世間つまり国土の複合体であり、護国とは民衆と、彼らが住む国土を守護することとされ、統治者を護ることを意味しない。インド仏教の正法治国《しょうぼうちこく》、つまり正しい仏法に従い、国を統治すれば民が栄える、との伝統思想を継いでいるとみてよい。

また一方、弘法大師が国という言葉を統治者の意味に用いている箇所も数例認められるが、この場合、上は国家、下は衆生《しゅじょう》と対にして用いられている。伝教大師の著作でもほぼ同様の用例を見る（詳しくは「密教の国家観の変遷」『松長有慶著作集』第二巻を参照）。それはインド仏教以来の民衆と国土を主体とする国家観の継承に他ならない。

弘法大師はこのような国家観を思想的な基盤にとらえ、新来の密教を根幹とする宗派を、律令制度の政治体制の中の日本に定着させるため、天皇、貴族との密接な交流関係を保持していたとみてよいであろう。

弘法大師の、朝廷や知識階級に属する人々などに対する働きかけはまことに目覚ましいものがあった。それは新来の密教を、日本の土地に移植し、定着させるために不可欠の活動であったといえるであろう。

自然との一体化

だが、このような大車輪の対社会活動の中にあって、大師は常に心の奥底では、山林に籠り、自然とともに生きたいという願望を抑えることはできなかった。『性霊集』巻第一には、大師の自然に対する熱烈な憧憬と、自然との一体化への希求に満ちた文や詩によって、ほとんどが占められている。

桓武天皇の皇子で良岑朝臣《よしみねのあそん》の姓を賜り、蔵人頭などの要職につき、また詩文をよくして、勅撰の漢詩文集である『経国集《けいこくしゅう》』二〇巻の選者としても有名な良岑安世《やすよ》は、大師と親密な交友関係をもっていた。

この俗世間の栄誉を極めた良岑安世が、大師に向かって「何故あなたは真言密教という素晴らしい宝を持ちながら、それを活用しないで、辺鄙《へんぴ》で不便な高野山に籠って、世人の嘲《あざけ》りを受けているのですか。都の生活は素晴らしく、とても楽しいものですよ」という都市の生活を賛美し、それに勧誘する手紙を再三にわたって送ったらしい。

それに対する大師の返答が、三篇の詩となって『性霊集』巻第一に収められている。大師の返書となる詩には、相手の勧誘の言葉の要点を簡略に記した後に、「君知るや」、「君見ずや」、「君聴かずや」などの言葉を冒頭に掲げ、次いで世俗の生活の空しさを説き、大自然を相手に山中で暮らす生活の、想像を絶した素晴らしさを伝えている。

「南山《なんざん》の松石は看れども厭《あ》かず、南嶽《なんがく》の清流は憐《あわ》れぶこと已《や》まず」

また、

「春の花、秋の菊、咲《え》みて我に向かう、暁の月、朝の風、情塵《じょうじん》を洗う」

と高野山の自然のもつ絶大な魅力を述べ、

「浮華《ふか》の名利の毒に慢《おご》ることなかれ。(中略)斗藪《とそう》して早く法身《ほっしん》の里に入れ」

と逆提案している。俗世の名利にあくせくせず、早く仏心を起こし、大日如来の懐に飛び込め、と勧めるのである。

さらに『性霊集』巻第一の冒頭には、「山に遊んで仙を慕う詩」というスケールの大きい詩が収められている。仏の五十三の円明智《えんみょうち》になぞらえた、脚韻《きゃくいん》をすべて陽韻《よういん》に限る五十三字を用いた五百三十言からなる詩をもって、大自然の雄大さと繊細さを余すところなく賛美している。その一端を紹介すれば、「三密、刹土《せつど》に遍し、虚空、道場を厳《かざ》る。山毫《さんごう》、溟墨《めいぼく》を點《てん》ず、乾坤《けんこん》は経籍《けいせき》の函《はこ》なり。（中略）景行を猶仰止《ぎょうし》すべし。斉《ひと》しからんと思わば自ら束装《そくしょう》せよ」という。

仏の体、言葉、心の三密が、この大自然の中にあまねくゆきわたったこの世界は密厳世界《みつごんせかい》である。その規模たるや、大山のような巨筆に大海のような大量の墨汁をしみこませて画いたほど雄大なものである。この大自然は、そのまま経典に他ならない。大日如来をそのまま現す大自然を仰ぎ、尊崇《そんすう》し、それと等しくなろうとするならば、みずから発心して装束を整え、仏の世界に向かって旅立とうではないか、と大自然との一体化によって仏となる道筋を提示する。

大師が都塵を避け、大自然との融合を切望した背景も窺《うかが》いうる雄大な詩と言えるであろう。

弘法大師が都を離れて山中に入り、大自然とともに生きようとする姿勢は、都市の生活に疲れたので、山に入り、心身の癒しを求めたいという撤退の休息というより、大日如来の無限の生命とともに生きようとする積極性をもった、エネルギーあふれる休息と受け取ることができる。

大師の自然に対する考えは、近代人が常識として考えるような、人間と自然との対立関係を根底とする思想ではない。われわれが環境問題を論じるとき、往々にして私が自然を愛し、保護するという図式でそれをとらえがちである。

物と心は一つ

真言密教では、人間と自然は対立関係にあるのではなく、ミクロコスモスとしての人間と、マクロコスモスとしての大自然とは、本質的に一体、不二の関係においてあると考える。

仏教では三種世間《さんじゅせけん》という存在の区別がある。智正覚《ちしょうがく》（仏）世間、衆生（生きもの）世間、器《き》（無生物）世間の三種である（『華厳孔目章《けごんこうもくしょう》』巻三）。このようにあらゆる存在を、仏と、人間を含む動物・植物などの生物（有情《うじょう》ともいう）と、石や土や水などの無生物（非情《ひじょう》ともいう）の三種にわける。

インドの大乗仏教では、仏と人とが本質的に同一であるから、人は仏になることができる、つまり「一切衆生悉有仏性《しつうぶっしょう》」、それを突き詰めて「一切衆生悉皆成仏《しっかいじょうぶつ》」を説く。ただし一切衆生の中に、器世間つまり無生物は含まれない。中国仏教でもいろいろな議論があるが、無生物が人間や仏と同じであるとは考えない。

このような仏教の伝統的な思想に対して、弘法大師は仏と人間、動植物はもちろん無生物もともに本質的には同一性をもち、その間に何らの差別はないという大胆な見解を理論的に説く。

その著『即身成仏義《そくしんじょうぶつぎ》』の中に展開される六大説がそれである。

全世界は地・水・火・風・空の五種の物質的な原理（五大《ごだい》）と、精神的な原理（識大《しきだい》）によって成り立ち、五大と識大は何らの障害もなく一体化して存在するという。いわゆる物心一如《ぶっしんいちにょ》の世界を理論的に説明しようとしたのである。

ここでは、山や川（器世間）、動植物や人間（衆生世間）というミクロコスモスが仏（智正覚世間）というマクロコスモスと本質的には同一である、つまり「山川草木悉皆成仏《さんせんそうもくしっかいじょうぶつ》」の原理が、六大説によって理論的に跡付けられている。

物と心とをともに具有する大自然と人間との同体観は、理論的な思索の結果ではなく、大師の大自然との一体化を目ざす瑜伽《ゆが》の体験から生み出されたとみることもできる。

このような考え方は、山や川といった大自然の中に、それぞれ神性を見出し、それらを崇拝し、尊重してきた日本古来の民族信仰とも、精神的な基調を同じくすることは言うまでもない。

日本語の「もの」は、物でもあり、者でもある。物質にいのちを認める日本人の感性は、物であっても供養した後に廃棄する針供養や鋏供養という、世界に例を見ない特異な民俗儀礼を生み出した。物心一如の思想は、真言密教の思想が日本人の日常生活や信仰と見事に融和し、同化した一つの事例と受け取ることも可能であろう。

修禅に対するあこがれ

弘法大師が都を中心に、天皇や貴族と親密な交流を保ち、常に意思の疎通を図っていたことは、『性霊集』に収録されている数多くの表(上中書)や、書簡を集めた『高野雑筆集』や『拾遺性霊集』などの内容から知ることができる。

それとともに大師が大自然に包まれ、瑜伽の観法《かんぼう》に没入する生活をどれほど希求したことか、残された文章や手紙が、それを率直に物語っている。都塵にまみれた世俗の活動と、大自然に囲まれた非俗の生活、この相反する両方の生活を矛盾なく融合させようとした後半生であった。

大師が朝廷の高官、あるいは友人、知己に宛てた書簡の中には、やむを得ぬ欠礼を詫びた文章がいくつか見出される。

新羅《しらぎ》の国からはるばる訪れて、朝廷に入った上人に宛てた手紙の中で、「貧道(わたしは)、久しく禅関を閉じて(瑜伽に専心していたので)迎慰《げいい》すること能くせず(出迎えに行けませんでした)」と詫び、一篇の詩を付し、その末尾に、高雄寺の持念《じねん》の沙門と記している(『性霊集』巻第三)。

また陸奥・出羽の国に赴くことを命ぜられた大伴国道《おおともくにみち》に宛てた手紙に、その息災を祈るために出向けない理由を「限るに禅関《ぜんかん》を以てし、就《つい》て披《ひら》くこと能《あた》わず」と述べている(『高野雑筆集』

33。『高野雑筆集』に付した番号は、高木訷元『空海と最澄の手紙』第2章空海の手紙による）。

弘仁十（八一九）年五月、病床にある筑前の栄井王に宛て、「貧道、閑静を貪らんがために、この南峰に移住す」と見舞うことができないが、その病状を案ずる手紙が残っている（『同』35）。南峰に移住、つまり高野山開創の目的が、閑静を貪る、つまり瑜伽に没頭することにあるという。

その他、母堂を亡くした前の安州判官《あんしゅうはんがん》に対する「貧道、禅関いまだ通ぜず、就いて慰《い》するに由なし」という悔みの手紙（『同』37）、弘仁六（八一五）年八月、筑紫の某に宛てた「空海、私願に期ありて蹔《しばら》く山扃《さんけい》を出でず」という手紙（『同』38）、宛名不明であるが、依頼を受けた法会の参加を辞する理由として「愚誓《ぐせい》（私は）、期あって年月未だ満ぜず」との手紙（『同』41）、右大臣藤原園人の逝去を悼み、慰めに行けないとの「禅関に限られて身心已《はなは》だ違す」との断りの言葉（『同』51）等々、「禅関に限られ」、「私願に期あり」などの文言からは、瑜伽のために日時を限って行じ、その間はいかなる事態が起ころうとも、挙動を起こさぬ不退の決意が読み取れる。

唐代の律令制度のもとにあっては、密教もまた時の政治や社会の組織の支配を免れることはできなかった。一方インドにおいて、密教は政治的な束縛にさほど煩わされることなく、大自然を相手に瑜伽の観法に専心することが可能であった。

大師は師の恵果阿闍梨を通じて、インド以来の正系の密教を継承した。大師が密教を日本に移植するにあたって、政治体制として唐朝の律令体制を範にとる日本において、朝廷や貴族との親密な友好関係を保つことは必須であった。それとともにインド密教から受け継いだ大自然の中で、俗事を一切放棄して大宇宙と一体化する瑜伽の観法の重要性を十分認識していたと思われる。それを修禅の地としての高野山において実践に移そうと意図したものであろう。

都における世俗の社会活動の動の面と、俗を一切放棄して自己の内面をひたすら凝視する瑜伽の静の面、この両面を一人格の中で融合しようと生涯をかけたのが弘法大師であった。

4　永遠に生きて人々を見守る

真言宗教団の基礎固め

天長八（八三一）年五月付けで、大僧都《だいそうず》空海が病のために、朝廷から賜った職を辞任させてほしいという上申書が残されている（『性霊集補闕抄』巻第九）。「悪瘡体に起って吉相現ぜず」とあり、体調にかなりの異常を感じていたものと思われる。

このころから大師は都での生活を極力避け、高野山に入り、穀味《ごくみ》を厭い、もっぱら座禅に耽る日が続く。翌天長九年の十一月には、弟子の実恵大徳に東寺を委託し、翌年には、高野山金剛峯寺の経営を、弟子の真然大徳《しんぜんだいとく》に任せ、長老の実恵大徳に後見させている。

一方、承和元(八三四)年十二月、後七日御修法の宮中儀礼化がなり、翌二年に真言宗に年に三名の公認僧侶の許可(年分度者の割り当て)があり、さらに私寺であった金剛峯寺が定額寺となり、官寺に準ずる地位が認められた。大師は晩年になって、身体の不調を切実に感じつつ、このように天長の末年より承和の初めにかけて、真言宗の基礎固めを着々と進行させたのである。

永遠の定に入る

承和二(八三五)年三月十五日、大師は諸弟子を集めて遺告《ゆいごう》を与え、その月の二十一日、多くの弟子に見守られながら、六十二年の生涯を閉じ、永遠の定《じょう》に入った。勅使が遣わされ、淳和・嵯峨の両上皇から手厚い追悼の言葉が贈られている。

醍醐天皇の治世である延喜二十一(九二一)年十月、東寺の長者であった観賢《かんげん》僧正の申請によって、朝廷から弘法大師という贈り名(諡号《しごう》)が届けられた。このころから、大師は高野の山に今もいまして、人々に救いの手を差し伸べておられるという入定留身《にゅうじょうるしん》の信仰が、日本全国に広がっていく。

日本では仏教にいくつもの宗派があり、それぞれに開祖がいる。それらの開祖とされる高僧の中で、現在、生きて人々を見守っているという信仰をもつ人物は弘法大師に限られる。

近代人の常識からみて、それは不合理であると考えて当然である。しかし頭からその信仰を否定するのではなく、なぜ多くの祖師の中で、弘法大師だけが高野山の奥之院に今なお肉身を留めて、入定しておられるという信仰が生まれ、広く人々の間に信仰されているのか、その理由を考えてみることも、宗教者の生涯を考える場合、看過することができない。

入定留身の伝承の理由

弘法大師だけに、入定留身の信仰が付随するのには、二つの理由が考えられる。

第一に、有限の世界の中に無限の真実の世界をオーバーラップさせて考える密教の世界観にある。密教では、有限な現実世界は、つねに無限の絶対世界と重なり合う。六十二年の人間としての生涯を送った沙門空海は、そのまま絶対の世界である大日如来の永遠の生命そのものの具現化に他ならない。師の恵果阿闍梨から授けられた「遍照金剛《へんじょうこんごう》」という灌頂名は、大日如来の特性を示す語であり、時空を超越した絶対性をそなえた者という意味をもつ。

インド以来の伝統である瑜伽、ないし禅定《ぜんじょう》に入るということは、この永遠の絶対世界に生きたまま入るということである。インド仏教でも、チベット仏教ないし中国仏教においても、入定留身の伝説をもつ聖者についての伝承はいくつか残されている。

現実面を重視する日本仏教の世界においては、無限の世界を現実化する思想について、それほど関心がもたれず、インド仏教の瑜伽について注目されることがそれほど多くはなかった。そのために日本の祖師の中では、入定信仰が生まれず、インドの伝統を濃厚に残した密教の中にだけ、祖師の入定留身の信仰が生まれたと考えられる。

第二に大師の現実回帰、衆生救済についての堅い誓願がある。

天長九(八三二)年八月、高野山において、萬燈萬花會《まんとうまんげえ》の法会が盛大に営まれた。その願文(『性霊集補闕抄』巻第八)には、四恩《しおん》(あらゆる生物から受けている恩)に答え、自利利他(自らを利し、他者をも利す)の宗教活動を完成するために、

「虚空尽き、衆生尽きなば、涅槃尽き、我が願いも尽きん」

という桁外れに雄大な願いが記されている。

この大空がある限り、生きとし生けるものが存在する限り、悟りが存在し、我が願いは尽き

ることがない、という。

我が願いとは、生きとし生けるものの苦しみを取り除いて、悟りに向かわせようという済世《さいせい》利人《りにん》の願いで、その活動を永遠に取りやめることはない、とはまさに破天荒な誓願というべきであろう。まさに大乗仏教の菩薩の究極の姿勢を示したと受け取ってよい。

晩年にこのような壮大な誓願を立て、高野の山で定に入った祖師を、もう一度現世に再来して、現実世界の苦に呻吟《しんぎん》するわれわれを救ってほしいという庶民願望が、歴史の中で入定留身の信仰として結実していった。

みずからの修禅、瑜伽の実践のために乞うた土地である高野山において、大自然を相手に禅定を重ね、大日如来の永遠の生命を継承した大師は、その定から出て、永遠に衆生の救済に身を捧げる大乗の菩薩の理想の姿として、時代を超えて庶民の期待を一身に背負う存在と信じられるようになった。みずから願った修禅の地において永遠の定に入ることが、また俗世において、衆生救済のために時を超えて尽力することにつながる、二律背反の生命活動の具現化を、弘法大師の生涯と、その伝承の中にうかがうことができるのである。

第四章　高野山の歴史

奥之院墓地．朝鮮役敵味方碑

1　苦難の時代

真言宗教団の分離

弘法大師は都での社会的な活躍の拠点として、帰朝当初は高雄山寺を、後に東寺を中心に据え、金剛峯寺を修禅の道場として整備し、複数の拠点をそれぞれ機能別に統合し、真言密教の宣布、定着を図ろうとした。しかし大師の入定後、高雄山神護寺（天長元年以降は神護寺）は真済《しんぜい》に、東寺は実恵《じちえ》に、金剛峯寺は真然《しんぜん》に、その経営が委託された。かくして強力な統率者を欠いた真言宗教団は、弟子たちの間では、祖師が抱いたような総合的な構想がしだいに失われ、各寺院が独自の歩みを図り、互いに対立的な感情や意識を潜在化していった。

高野山金剛峯寺の後事を託された真然は、大師の甥にあたり、真雅《しんが》の付法《ふほう》（灌頂《かんじょう》を授けられた）の弟子である。実恵の後見を受けたが、都から離れた辺地の高野山は、経済的な基盤をほとんどもたず、さらに九世紀ごろになると、律令制度は弱体化し、国家からの経済援助も期待すべくもなかった。

このような経済的に恵まれない環境の中にあって、真然は高野山の堂塔建設に献身するとともに、高雄山神護寺、東寺の先例に倣い、金剛峯寺においても、春に修学会《しゅがくえ》、秋に練学会《れんがくえ》の伝法二会を開催するまでになった。貞観十八(八七六)年七月二十二日の官符により金剛峯寺の不輸《ふ》租田《ゆそでん》とされた紀伊国四郡の水陸田三十八町歩は、伝法会の費用として真然が入手した寺領とみなされる(『弘法大師弟子全集』)。

高野山の荒廃

大師以後ほぼ半世紀、伽藍の整備も一段落し、高野山もようやく隆盛に向かいつつあった。だが真然の弟子で金剛峯寺の第一世座主《ざす》・寿長《じゅちょう》を経て、第二世座主・無空《むくう》が弟子たちとともに離山し、その後ほぼ一世紀にわたる暗黒時代に入った。『三十帖策子《さんじゅうじょうさくし》』事件が、その発端である。

『三十帖策子』は大師が在唐中に、橘逸勢《たちばなのはやなり》などの協力を得て、筆写し、請来した経典・儀軌《ぎき》(修法の書)の集成である。東寺に保管されていたが、真然が東寺長者の時に、高野山に持ち帰った。延喜十二(九一二)年に観賢《かんげん》が東寺の法務を兼ねることになり、それを高野山から東寺に回収しようとして、寛平《かんぴょう》法皇の院宣により返還を求めた。院宣に逆らうことを恐れた無空は『三十帖策子』をはじめ経典、法具などを携え、山から退去した。

その後、峰禅《ぶぜん》を座主に据えたが、事態は好転せず、延喜十九(九一九)年に東寺長者が金剛峯寺座主を兼務することとなった。東寺長者・観賢は散逸した『三十帖策子』を回収するとともに、祖師の大師号を朝廷に申請し、延喜二十一(九二一)年十月二十七日、弘法大師という諡号《しごう》を、醍醐天皇より下賜された。

その報告のため長者・観賢が高野山に登り、勅賜の袈裟・衣を捧げ、御廟に入り、懺悔、供養したところ、祖師の姿を目のあたりに拝した。また弟子の淳祐《しゅんにゅう》は大師の肌の温もりを感ずることができたという。やがてこの伝承が人々の間に広まり、大師の入定留身の信仰の流布に深くかかわりをもつこととなった。『平家物語』高野の巻には、この情景が詳しく描写されている。

再度の疲弊

十世紀の中ごろ、長い沈滞期を脱して、高野山も立て直しの兆候が見え始めた。座主の寛空《かんぐう》によって初代の検校《けんぎょう》に任ぜられた雅真《がしん》は、山麓の天野の豪族に接近し、その経済力に頼って高野山の復興を企てた。奥之院の御廟の傍に、丹生社《にうしゃ》を勧請したのもこのころである。

天暦六(九五二)年、雷火によって奥之院の御廟が焼失したが、雅真によって復興された。とはいえ正暦五(九九四)年七月、さらにまた雷火により大塔、金堂、真言堂、僧坊などが全焼する悲運に見舞われた。その際、雅真は天野に避難し、東寺長者・寛朝《かんじょう》を通じ藤原道長の姉、東三条院詮子《せんし》の経済援助を得、俗別当《ぞくべっとう》の紀伊守景理《かげまさ》を奉行として復興事業に取りかかった。

奥之院の祈親燈

しかし不幸なことに寛朝、雅真、東三条と相次いで逝去し、さらに歴代の俗別当の横領が絡んで山に住む僧も四散し、山上は極度にさびれた。高野山は再度の中絶期に見舞われた。

この逆境を救い、復興の烽火を上げたのは、祈親上人・定誉《じょうよ》であった。かれは興福寺系の僧侶で、長谷寺の観音の霊夢を得て、長和五(一〇一六)年に高野山に登り、大師の廟前で、高野山の復興と法灯《ほうとう》の護持を誓い、鑽火《きりび》を点じた。現在、奥之院の燈籠堂の正面に掲げている「祈親灯」、「貧女の一灯」の起源とされる。上人の熱意に打たれ、高野山の僧、行明《ぎょうみょう》、興胤《こういん》などが、伽藍の整備、復興に力を傾けたので、高野山の法灯にも曙光《あかり》がようやく差しはじめた。

2　念仏信仰の流入

九世紀の中ごろに比叡山から起こった念仏信仰は全国に波及し、その勢いはやがて高野山にも及んだ。金剛峯寺の第六世座主・済高《さいこう》、第十二世座主・定昭《じょうしょう》、第十六世座主・深覚《じんかく》なども日常的に念仏を唱えていたという。とはいえ高野山における浄土教信仰の主体をなしたのは、身分の低い聖《ひじり》たちであった。

高野山浄土信仰の隆盛

高野山の再建運動に、小野の仁海《にんがい》僧正の果たした功績を忘れてはならない。仁海は四十歳ごろまで、高野山で雅真に学び、小野の曼荼羅寺《まんだらじ》に移った後も、高野山の復興に意を用い、その財政的な援助を、朝廷、貴族、地方豪族などに訴え続けた。

全国を風靡《ふうび》した念仏信仰の流れに添って、仁海は高野山が弥勒菩薩の浄土で、五十六億七千万年の後、弥勒菩薩が下向《げこう》されるまでの間、弘法大師が高野山の奥之院の御廟の中から、苦しむ人々の救済にあたっておられるという入定信仰を、都において説いて回った。

治安三(一〇二三)年十月、御堂関白・藤原道長は仁海の勧誘により高野山に登った。

相次ぐ貴紳の登山

この道長の参詣を機に摂関家、上皇をはじめとし、貴紳の高野詣《こうやもうで》が急激に流行することとなった。

その結果、高野山教団の経済的な支援者が、国家、次いで地方豪族から、都の貴族階級へと変化していく。

道長に続いて永承三(一〇四八)年に、宇治関白・藤原頼通の登山があり、藤原師実《もろざね》、性信《しょうしん》(大《おお》御《お》室《むろ》)、覚行《かくぎょう》(中御《なかお》室《むろ》)などの法親王が再三にわたり登山し、一院を建立して留まった。かくて全国的に広がった念仏信仰と呼応して、高野山の霊場信仰が地方にも拡大していった。

さらに院政期に入って、寛治二(一〇八八)年二月、白河上皇の高野御幸をはじめとして、白河、鳥羽の両上皇は三度ずつ登山し、さらに嘉応元(一一六九)年の後白河上皇の登山にいたるまで、高野山と院政権力者との接触は繁多をきわめた。

これら皇族や貴族の度重なる高野詣により、高野山の荘園寺領は増大し、堂塔の建立が促進され、高野山教団はその経済的な基盤を安定させ、それまでの一地方寺院から一挙に全国的な霊場信仰を基体とする大教団に成長していった。

長久元(一〇四〇)年、明算《めいざん》大徳は中院《ちゅういん》(現　龍光院)を再興した。また明算は都において、仁海の流れを汲む小野の成尊《せいそん》阿闍梨から小野流の伝授を受けて帰山し、高野山に中院流という真言密教の法流の一派を開いた。その流れは現在にいたるまで、高野山において伝承されている。

平安中期に爆発的に流行した浄土信仰にあやかり、高野山でも勧進聖《かんじんひじり》が定着し、摂関期末ごろから念仏聖としての高野聖が現れる。『高野山往生伝』の第一に挙げられている小田原聖《おだわらひじり》・教懐《きょうかい》などが、その代表である。十一世紀の後半から十二世紀の中ごろの高野山にも、別所聖人《べっしょしょうにん》といわれる多数の聖のグループが存在し、密教と念仏を兼修し、かなりの勢力をもっていた。

もともと雑用を務めていた半僧半俗の承仕《じょうじ》とか夏衆《げしゅう》といわれる役僧は、行人《ぎょうにん》と呼ばれていた。祈親上人のころから、行人と聖が分化し始め、行人は寺院の経済面にも関与し、聖は浄土信仰と念仏と納骨を司ることになる。

3　改革運動ののろし

高野山に念仏の声があふれた十二世紀初め、真言教学の復興を意図し、細分化した真言宗の修法の一元化を図り、また社会的には高野山を長年にわたる東寺の支配から脱却させようと、力強く改革運動を進めたのは、覚鑁上人である。

覚鑁《かくばん》の改革運動

覚鑁は肥前国の出身で、仁和寺の寛助《かんじょ》の弟子となり、南都に留学したのち、高野山に登り、明寂《みょうじゃく》について密教を学んだ。また一時期、山を下って、真言密教の修法の有力な法流である広沢《ひろさわ》流、小野流および天台系の修法の伝授も受け、それらを総合して、後に伝法院流《でんぽういんりゅう》といわれる修法の一派の基礎を築いた。

覚鑁は修法面だけではなく、当時流行していた浄土教と、真言教学との融合を図り、『五輪《ごりん》九字明秘密釈《くじみょうひみつしゃく》』、『阿弥陀秘釈《あみだひしゃく》』、『一期大要秘密集《いちごたいようひみつしゅう》』などの著作を残している。念仏信仰に徹した密教念仏者として、真言教学の中に、浄土教をいかに位置づけるかについて、真剣に対処しようとした積極的な姿勢が高く評価されるであろう。

また覚鑁は当時沈滞していた真言教学の復興をめざし、大治五(一一三〇)年、鳥羽上皇の後援をえて、高野山に小伝法院《しょうでんぼういん》を開き、三十六人の学侶《がくりょ》(学問、儀式に専心する僧)を置くことを定めた。さらに大伝法院を開設し、念仏堂である密厳院《みつごんいん》と同時に、長承元(一一三二)年十月、落慶法要を営み、真言教学について討論する場である大伝法会《だいでんぼうえ》を開催した。

覚鑁上人による小伝法院の建立、続いて大伝法院の創設により、高野山に教学復興の機運が高まり、平安の中期から続いた教学の沈滞ムードが解消され、山全体に活気がよみがえったかに見えた。だが皮肉なことに、歴史の歯車は逆回転を始めるのである。

大伝法院の建立は覚鑁の真言教学の復興に対する永年の念願の結実であったが、この落慶にあたって登山した鳥羽上皇が、伝法会の費用として寄進した七ヵ所の荘園の中に、高野山領の荘園と重複する所があった。そのため高野山在住の僧侶たちと、覚鑁上人およびその弟子たちの間に軋轢《あつれき》が生じ、以後の対立、紛争の端緒となった。

さらに、長承三(一一三四)年五月には、官符によって大伝法院と密厳院が御願所《ごがんしょ》となり、それぞれ座主のほかに所司《しょし》と定額僧《じょうがくそう》が補任された。大伝法院の最初の座主には、覚鑁が就任し、次いで第二世座主に同門の真誉《しんよ》が就いた。一つの山に金剛峯寺と伝法院の二人の座主が並立する事態になったのである。

一方、観賢以来、東寺座主が金剛峯寺座主を兼任する例が続き、当時、醍醐寺の定海《じょうかい》が東寺の長者であり、金剛峯寺の座主でもあった。ところが院宣によって定海は金剛峯寺座主職を削られ、大伝法院の座主が金剛峯寺の座主職を兼ねることとなった。検校《けんぎょう》職も、定誉の系統をひく良禅《りょうぜん》から、覚鑁の弟の信恵《しんえ》に切り替えられた。

改革運動の挫折

このような覚鑁の強引とも思える改革姿勢の中には、ようやく堂塔の復興がなり、経済的にも安定した高野山を、長年にわたる東寺の隷属から独立させ、教学を振興し、複数化した密教の修法を統一しようとする意図が含まれていた。それに対して金剛峯寺側と東寺側は共同して反撃に出て、上皇に奏上するに及んだ。その結果、上皇は保延二(一一三六)年、覚鑁と信恵を罷免し、元通り定海を座主に戻し、検校を真誉に変えざるを得なかった。

改革運動の行く手を妨げられた覚鑁は、自坊であった密厳院に閉じこもり、観法に耽った。それを見た金剛峯寺方は、覚鑁自身が祖師の弘法大師の入定に擬せんとする行為をなすと非難した。金剛峯寺方と大伝法院方との間は、ますます険悪化した。

保延六(一一四〇)年十一月、(大伝法)院方は源為義に伝法院守護を依頼した。そのことに危

興教大師廟（密厳堂）

機感を抱いた（金剛峯）寺方は、その年の十二月に、相賀庄《おうがのしょう》の争いに事よせて兵士を集め、伝法院と密厳院を襲った。

院方は敗れ、覚鑁はかつて一院を建立した根来寺《ねごろじ》に脱出し、院方の僧のうち七百人余りがこれに従った。その後も、寺方と院方とは和睦しないまま、覚鑁は康治二（一一四三）年十二月、根来の地で没した。元禄三（一六九〇）年、興教《こうぎょう》大師と贈り名された。

覚鑁自身はいずれ高野山に帰る意図をもっていたが、その志をついに果たしえなかった。その末弟たちも、その後、戦国の乱世を生き抜き、また徳川の強固な幕藩体制のもとでは、師の遺志に反して、新義真言宗として独自の教団組織をもたざるを得なくなったのである。

4　大師信仰の流布

入定信仰の定着

高野山では、金剛峯寺方と伝法院方が騒動を繰り返していた十二世紀の前半期には、高野山が現世の浄土であり、弘法大師が高野山で入定留身されているという信仰は、都の人々の間では広く行き渡っていた。

藤原道長が「高野に参られたとき、大師の御入定の様子を覗き見られると、すでに御入定から百八十年余りたつのに、御髪青やかで、御衣は汚れなく鮮やかで、弥勒菩薩が人々の救済のためにこの世にお出ましになるのをひたすら待ち構えられて、眠りに入っておられる御様子であった」(『栄華物語』巻第十五　取意訳)という(道長登山は治安三〔一〇二三〕年)。

また寛治三(一〇八九)年、東寺長者・経範《けいはん》撰になる『大師御行状集記《だいしごぎょうじょうじっき》』(第九十八条以下)には、大師の御入定は、五十六億余年の後、弥勒菩薩の下生《げしょう》の時にお出ましになるのに備えたものであること、および観賢僧正や石山《いしやま》の淳祐《しゅんにゅう》僧都が御廟を開扉した時、生身の大師を拝した話などが記されている。

後白河上皇の撰になる『梁塵秘抄』巻第二には、次のような歌が掲載されている。

「三會《さんね》の暁《あかつき》 待つ人は、所を占めてぞおわします、
鶏足山《けいそくせん》には摩伽迦葉《まかかしょう》や、高野の山には大師とか」(二三四番)
「大師の住所は何處何處ぞ 傳教慈覺は比叡《ひえ》の山、横河《よかわ》の御廟とか、
智證大師は三井寺にな、弘法大師は高野の御山にまだおわします」(二九五番)

十二世紀の後半期には庶民の間でも、弘法大師は弥勒菩薩の出世(三會の暁)を待って、高野の山に今なおおいでになる、つまり二仏中間《ちゅうげん》の大導師と信じられ、里謡《りよう》の中で歌い継がれていたことがわかる。

納髪、納骨

高野山に身体の一部を収める信仰はかなり古くから行われていたことは、中世の説話文学に取り上げられるところであるが、資料の中で最も古いのは、万寿三(一〇二六)年に道長の娘、上東門院《じょうとうもんいん》が落飾後、毛髪を奥之院廟前に納めたという記録である(『高野春秋』四)。時期としてはかなり早いが、道長に同行して登山し、大師に対する信仰を深

めたものであろう。

納骨の記録は、これより時代は下る。覚鑁の活動を支援し、伝法院に助力を惜しまなかった鳥羽上皇の妃、美福門院が永暦元(一一六〇)年、遺命によって高野山に納骨している。また源平の戦いに敗れた平経正の遺骨、平重衡の遺骨が元暦元(一一八四)年、奥之院に納められている。このほか敗者である平氏一門の武将の納骨や、怨霊を鎮めるための法会も、あいついで執り行われた。

埋《まい》経《きょう》

経典を書写し、それをまとめて廟前に埋める、いわゆる埋経も、摂関期まで遡る。藤原頼通の『金泥法華経』一部、『墨字理趣経』三十巻など『高野参詣記』に記録が残されている。道長や白河上皇も、参詣に際して写経した記録があるから、おそらくこれらの写経も、廟前に埋められた可能性が高い。

高野山に埋蔵された経筒の中で、最も古い出土品は、昭和三十九(一九六四)年十月、燈籠堂の建設の際に、御廟の傍から発掘された天永四(一一一三)年の銘のある比丘尼《びくに》法楽《ほうらく》の経筒《きょうづつ》である。

十一世紀ごろから、奥之院の御廟周辺一帯には、貴族階級のみならず一般庶民の納骨納髪、埋経などが幅広く行われていたであろうことは、記録の上だけではなく、数多くの出土品からも想定される。

堂塔の建立

高野山浄土の信仰と呼応して、高野山は皇族、貴族、さらには庶民に至るまで、参詣する人々が増加し、上皇や藤原一族の支援もあって、寺院、堂塔の建立が相次ぎ、荘園寺領が飛躍的に増加し、経済的な基盤を強固にしていった。

白河上皇の荘園寄進を得て、大塔の落慶供養が康和五（一一〇三）年に行われている。さらに大治二（一一二七）年十月、白河、鳥羽両上皇の参詣を機に、東塔は白河院御願、西塔は鳥羽院御願として、東西両塔の落慶法要が盛大に営まれた。続いて鳥羽上皇は覚鑁を通じて、大伝法院、密厳院の建立の後援をなしている。

政治の権力者が上皇や貴族から武家に代わっても、高野山に対する経済的な援助は継続された。久安五（一一四九）年、大塔は雷火によって焼失した。白河上皇の後援により再建されてから半世紀も経ってはいない。だが今度は平忠盛、清盛によって時を置かず保元元（一一五六）年に再建されている。

念仏の流行

全盛を極めた平氏も、文治元(一一八五)年、壇ノ浦の戦いに敗れ滅亡し、敗残の兵士や、平維盛《これもり》をはじめとする公卿たちが高野山に逃れ、そこで出家し、庵を結び、住むものも少なくなかった。

戦国の世となって、貴族と敗残武士の隠遁所《いんとんじょ》となった高野山は、念仏に明け、称名《しょうみょう》に暮れた。十三世紀の初めに如寂《にょじゃく》の著した『高野山往生伝《こうやさんおうじょうでん》』に記載された三十八人の念仏者の大半は、平氏一族の出身者である。

そのほかにも乱世の無常を厭《いと》い、俗なる世間を遁《のが》れて高野山に安住の地を求めた隠遁の徒も少なくなかった。頼朝の恩賞に不服を唱え出家した佐々木高綱、信綱や、若武者の平敦盛を討ち、無常を感じて出家遁世《とんせい》した熊谷直実《くまがいなおざね》などの名前がよく知られている。

高野山の伽藍と大伝法院(現在の金剛峯寺)周辺地域は学侶の寺院に占められていたが、その他の谷々には数ヵ所の別所《べっしょ》ができて、聖たちが群居し、日も夜も念仏の声に満ちていた。代表的な別所が構えられた地域として、蓮華《れんげ》谷《だに》、萱堂《かやどう》、小田原《おだわら》、千手院《せんじゅいん》、五《ご》の室《むろ》、往生院《おうじょういん》などがある。鎌倉時代になると、従来の別所のほかに、俊乗《しゅんじょう》坊《ぼう》重源《ちょうげん》によって新別所が開かれている。

一方、これら聖たちは高野山から全国各地を遊行《ゆぎょう》し、高野山の堂塔建立の資金を集めるとともに、民衆の間に生身《しょうじん》の大師による救済の御利益を説き、高野山霊場信仰を流布して回った。聖はこれらの勧進《かんじん》活動と唱導《しょうどう》活動によって経済的な力を保有したため、高野山の学侶にとっても、聖の集団をみずからの支配下に置くことが、重要な課題となっていた。

金剛峯寺方と大伝法院方との紛争にも、これらの聖集団を掌握し、その経済力を利用した覚鑁に対して、寺方が焦慮と嫉妬の念を介在させたことが、その一因になったともいわれている。

高野聖《こうやひじり》

中世から近世にかけての高野山の歴史において、人々の間でその名がよく知られているのは、高野聖であろう。泉鏡花の小説『高野聖』に出てくる、どこか不可思議な雰囲気の漂う半僧半俗の行者としてのイメージが強いが、高野聖とは本来は在俗の念仏行者で、諸国を遊行し、勧進(寄付募集)、唱導(PR活動)を生業とする者たちの総称である。

戦乱が引きも切らなかった中世において、敗残者も多く含まれていたが、貴族、武士から庶民に至る種々の出自の者からなっていた。

現在、日本全国に残された弘法伝説の多くは、高野聖の唱導活動に負うものが少なくない。また聖たちは全国に遊行する際に、各地の民話や伝承の中に仏教の高遠な思想を平易化して盛り込み、新たな仏教説話を作り出した。文学作品としては、俊寛《しゅんかん》、有王《ありおう》、滝口入道《たきぐちにゅうどう》の物語をはじめとして、『平家物語』の成立に、高野聖の唱導が寄与したともいわれる。

行人《ぎょうにん》

行人は在俗の優婆塞《うばそく》で、山に籠り、苦行を修し、なんらかの呪法を行使することによって世人の尊敬を得ていた。とはいえ、もともと聖と行人との間には、それほど厳密な区分はない。行人であっても、諸国に遊行し、勧進や唱導に加わり、聖であっても苦行を修し、呪法を行使する者もいて、両者が混在していたというのが実情であろう。

もとをただせば、高野山で行人は、学侶のための雑用係としての性格をもっていた。法会儀式に際して、供養の花を摘み、供え、堂塔の掃除、法会の後片づけ、鐘つき等々の仕事が課せられており、それぞれの職能に応じて、承仕《じょうじ》、夏衆《げしゅう》(花衆)、道心《どうしん》、堂衆《どうしゅう》、長床衆《ながとこしゅう》、六番衆《ろくばんしゅう》の呼び名をもち、これらを総合して惣分《そうぶん》と称せられている。

鎌倉時代には、すでに行人の階層の分化と組織化が行われていた。これらの階層の中では、とくに六番衆は堂塔の管理とともに、それに伴う金銭の処理をはじめ、寺領や荘園の管理、年貢の督促の役目も受け持つこととなり、必然的にかれらは独自の経済力を保持し、また武力も蓄えることになった。

摂関期から院政期にかけて、膨大な寺領と荘園を得た高野山は、源平時代から戦国時代にかけての政治的な激動期に、みずからの権益を保持するためには、行人の対外的な活動が不可欠であった。そのような使命を託された行人は、山内にあって、しだいにその勢力を伸張させ、学侶の優位性を脅かす権益と地位を獲得し固めていった。

中世から近世にかけて、高野山において学侶と行人の間に起こった再三に及ぶ反目と紛争が結果的に行人の側に有利な結末を呼んだのも、経済力を背景に持つ行人の力の優位性とみることができるであろう。

5 学問の伝統

弟子の学習制度

高野山では中世以来、僧の中に学侶、行人、聖の三種の階層ができて、高野三派《こうやさんぱ》と呼ばれている。だが平安初期には真言宗の僧は、瑜伽観法《ゆがかんぼう》を修し、密教儀礼を執行し、真言密教の教学を継承することが本来の役目であった。

真言宗に年分度者《ねんぶんどしゃ》三名の勅許をえたのは、承和二(八三五)年正月二十三日(『続日本後紀』四)

のことである。この年分度者の三名に、金剛頂業《こんごうちょうごう》、胎蔵業《たいぞうごう》、声明業《しょうみょうごう》の三種のカリキュラムをそれぞれ分担させて学習させた。金剛頂業には『金剛頂経』、胎蔵業には『大日経』、声明業には梵字《ぼんじ》・悉曇《しったん》、それぞれの学習を課した独特のカリキュラムである。この学習制度を三業度人《さんごうどにん》と呼ぶ。

承和二年八月二十日付けの官符によれば、三業度人の試験場は金剛峯寺に定められている（『類聚三代格』二、延喜七年七月四日付け太政官符）。その後、真言宗の年分度者は高雄山神護寺、東寺をはじめ各有力寺院でも実施され、その数の多寡が、それぞれの寺院の勢力関係の優劣とみなされるようになった。

弘法大師は生涯において、各種の法会、有縁の者の追悼会、仏像、仏具などの新造供養の儀式などにおいて、両部の大経（『大日経』と『金剛頂経』）をはじめとする経典についての講賛《こうさん》を行った記録が、『性霊集』などに数多く残されている。また大師の著作になる各種の『経典開題』類もまた、みずからが行った講義の際に残された記録とみてよい。このような大師の学問に対する姿勢が、弟子の教育制度の中に反映されたものであろう。

学問の伝統

祖師のこのような教学に対する熱い意志を受け継ぎ、実恵は綜芸種智院《しゅげいしゅちいん》を売却した費用をもって、承和十四(八四七)年、東寺において最初の伝法会《でんぼうえ》を開いた。その例にならって、真然が高野山において春秋にわけて開いた修学会《しゅがくえ》、練学会《れんがくえ》は、高野山の学問の伝統の端緒とみなしてよい。

だが真然の後、高野山は度重なる荒廃に見舞われ、学問の伝統はほとんど途絶する。このような事態を憂い、高野山における学問の伝統の復活に情熱を傾け、鳥羽上皇の後援を得て、小伝法院ならびに大伝法院を建立し、大伝法会を再開したのは、覚鑁上人であった。ところがその後におこった寺方と院方との抗争により、不幸にして上人の意図は直ちには開花しえなかった。とはいうものの、その悲願はやがて法談論議の場としての蓮華乗院《れんげじょういん》の建立となって結実することになる。

蓮華乗院は五辻斎院頌子《いつつじさいいんしょうし》内親王が、鳥羽上皇の追善のために、安元元(一一七五)年、東別所に長日不断《ちょうじつふだん》の談義所として建立し、二年後に壇場に移転された。この年の末には後白河院の意向もあって、ここで本寺、末寺合同の伝法大会《でんぼうだいえ》が開かれている。だが残念なことにそれも長続きせず、建久五(一一九四)年、本末の争いのほとぼり冷めず、勧学会《かんがくえ》は蓮華乗院において本寺の僧のみの談義に移行して継続されることとなった。

学侶

高野山の学侶の制度は、時代によっていろいろな組織をもつが、それらすべてにわたって述べることは煩雑になるのでひとまずおき、以下にその概略を叙述するにとどめる。

学侶は法談論議の履修の有無によって、学衆《がくしゅう》と非学衆《ひがくしゅう》に二分される。学衆の最高位は両所《りょうじょ》と呼ばれる左右の両学頭で、それに検校が加わる時は三所《さんじょ》という。その下に二読書《とくしょ》(領解衆《りょうげしゅう》)と十聴衆《じゅうちょうじゅう》があり、これらの十五名を能化《のうけ》と称する。そのうち検校は世俗的な事務処理にたずさわるため、非学衆が担当する場合もある。

検校より下の学侶の階位には、院政期から中世を通じて、阿闍梨《あじゃり》、山籠《さんろう》、入寺《にゅうじ》、三昧《さんまい》、衆分《しゅうぶん》の区別がある。時代によってその数に多寡《たか》があるが、時代ごとに何らかの定員があったようである。

山籠とは、もともと山住の僧の意味で、高野山の座主職が一時、東寺長者の兼務となったため、山住の僧の中から執行職《しぎょうしき》を選ぶことになり、山籠が職名となった。最下位の衆分は高野山の僧の仲間入りの資格で、交衆《きょうしゅう》という手続きを済ませた者であり、入寺以上が寺院住職の資格をもつ。

6　真言教学の研究

鎌倉時代の高野山

院政期から鎌倉時代にかけて、高野山は没落貴族と敗残武士の隠遁所の様相を呈することになった。俊成、西行、滝口入道など当時の知識階級に属する人々が相次いで入山し、庵をかまえた。蓮華三昧院を建立し、後に蓮華谷聖の祖となった明遍《みょうへん》、東大寺の勧進聖となった俊乗房重源《しゅんじょうぼうちょうげん》が登山したのも、このころである。当時、高野山では、真言教学の研究に専心するおよそ三百人の学侶に対して、行人と聖の数は二千人を数えた。

弘安八（一二八五）年、高野山麓の慈尊院から山上に至る百八十町に、一丁ごとに建てられていた木製の卒塔婆《そとうば》に代わって、遍照光院覚斅《かくきょう》の発願によって石塔が建立された。その施主には貴族をはじめとし、比丘尼《びくに》に至るまで当時のあらゆる階層の人々の名前が記されている。これは当時の高野山信仰の幅の広さを示すものであろう。

多宝塔（金剛三昧院）

禅との出会い

高野山は念仏だけではなく、禅もまた受け入れた。頼朝の妻、政子は建暦元（一二一一）年、頼朝、頼家、実朝、源氏三代の菩提を祈り、小田原に禅定院を建立し、建仁寺の栄西《えいさい》を招いて落慶法要を行った。この禅定院は金剛三昧院に変わり、栄西の高弟であった行勇《ぎょうゆう》がその開山第一世となり、政子より境内に、多宝塔《たほうとう》と経蔵《きょうぞう》の建立を受け、三百五十町歩の寺田の寄進も得ている。行勇の弟子の心地覚心《しんじかくしん》は念仏聖としても有名であるが、金剛三昧院は密教と禅と念仏、この三教を兼学する道場として、高野山でも特殊な地位を長く保って栄えた。

教学の復興運動

弘法大師の後、真言宗団はいくつもの有力寺院に分裂し、それぞれの拠点寺院が皇族や貴族の後援を得て、いずれも修法の効験《こうけん》争いに専心し、教学に対する熱意を消失していった。だが平安末期になり、ようやく仁和寺の済暹《さいせん》、大和・中ノ川の実範《じちはん》、高野山の覚鑁などによって真言教学についての研鑽の機運が芽吹き始めた。

鎌倉初期に真言教学の研究に積極的な姿勢を示したのは、高野山であった。覚鑁による大伝法会の伝統は継承されて、弘安三(一二八〇)年には、勧学院《かんがくいん》が勧修院《かんしゅいん》とともに創設され、学徒の扶持料として金剛三昧院の寺領が充てられている。もっともこの勧学院は文保二(一三一八)年に後宇多法皇の院宣によって勅願所となり、伽藍の中に再興された。

このような高野山における教学重視の姿勢は、鎌倉、室町期を通じ見事な開花を見せる。それはまた平安末から隆盛を極めた浄土教信仰に対し、真言独自の教学確立を目ざす模索でもあった。院政期から増大した寺領、荘園による経済的な効果が、教学の興隆に寄与した点も少なくない。

金剛峯寺の第三十七世の検校である覚海《かくかい》は祖師の著作についての研鑽があり、また真言では最初となるかな書き法語を残しているが、そこには来世の救済を説く浄土教に対して、現世を浄土(密厳浄土《みつごんじょうど》)とみる真言密教の教学の肝要が平易に叙述されている。

覚海には、四哲といわれるすぐれた弟子がいて、互いに教学を競い合った。その弟子の中でも宝性院《ほうしょういん》の法性《ほっしょう》と十輪院《じゅうりんいん》の真辨《しんべん》の論争が有名である。要するに宇宙の根本原理を、多とみる前者の而二《にに》説に対して、一とみる後者の不二説の対立である。言い換えれば世界を多元論的な視点で見るか、一元論的な視点で見るかの相違といえる。それが仏身論に反映し、現実世界において真理を説く法身大日如来《ほっしんだいにちにょらい》を、『大日経』を説いた客体的な理法身《りほっしん》、『金剛頂経』を説く主体的な智法身《ちほっしん》の二方向から理解しようとする而二説に対し、不二説は両経を理と智の不二なる法身が説法したとみなす。

覚海の弟子の四哲のうち道範《どうはん》は、伝法院との争いの責任を問われ、仁治四(一二四三)年に讃岐に配流され、辺地で『大日経』を講じ、それを『遍明鈔《へんみょうしょう》』二十巻にまとめた。また流刑六年後、許されて高野山に帰り、『秘密念仏鈔《ひみつねんぶつしょう》』三巻を著し、浄土教を批判しつつ真言教学の立場から秘密念仏の意義を明らかにしている。

鎌倉時代になると、仏典を国文で延べ書きする試みも行われ、高遠な仏教の思想が平易なかな混じり文で書かれたりするようにもなった。覚海、道範もかな文字で密教思想を表現した法語を残している。かな文字の一般への普及は、通仏教的な和讃《わさん》とか教化《きょうけ》などの発達を促した。

高野版版木(重文．金剛三昧院蔵)

またこの時代になると、経典の出版事業も始められている(高野山での出版を高野版という)。建長五(一二五三)年、快賢《かいげん》が大師の著作である『三教指帰《さんごうしいき》』を開版した。その後、秋田城之介などの後援を得て、密教関係の経論が相次いで出版された。このような経典の大量供給は室町時代以降も継続されて、真言密教の教学の研究に多大の貢献をなした。

根来教団の独立

覚鑁の離山後も大伝法院において教学の研究が続けられ、また根来に逃れた門弟たちも、久安三(一一四七)年に鳥羽上皇の斡旋もあって帰山した。

とはいえ金剛峯寺側と伝法院側の対立は、それからも一世紀あまり続く。仁安三(一一六八)年に、着衣の問題からこじれたいわゆる裳切《もき》り騒動をはじめ、互いに血をもって争う不祥事が相次ぎ、ついに弘安七(一二八四)年の大湯屋《おおゆや》建立を巡って起きた紛争の結果、伝法院の学頭であった頼瑜《らいゆ》は伝法院と密厳院を根来に移すことになった。そのため根来に新しい教団が独立し、室町末期ごろから従来の真言教団を古義《こぎ》と呼び、根来教団の系統を新義《しんぎ》と称するようになった。

根来移転の発起者である頼瑜の思想に基づき、真言新義は加持身《かじしん》説法を主張し、古義は本地《ほんじ》身《しん》説法を説く。このように特徴ある両説が以後、教学の中で対立的に取り上げられる。法身が絶対の真理のままに（本地身をもって）説法するのか、あるいは法身が加持の力によって、仮にあらわれた身体をもって（加持身をもって）説法するのかの違いである。現在、高野山において行われる勧学会でも、加持身説法の是非が論議の主要なテーマとされている。

応永の大成

南北朝の動乱期を通じて、高野山教団は両陣営の勧誘を退け、その帰趨《きすう》を明らかにせず沈黙を守った。その結果、政治的な混乱を招くことなく、平穏裡に教学の研究が継続され、室町期になると真言教学の黄金期を迎えることとなった。その代表的な学僧として、長覚《ちょうかく》と宥快《ゆうかい》を挙げることができる。

長覚の著書には、『大疏指南鈔《だいしょしなんしょう》』九巻、『釈論十二鈔私記《しゃくろんじゅうにしょうしき》』十巻、『悉曇字記鈔《しったんじききしょう》』五巻などがある。一方、宥快には、『大日経疏』および祖典に対する注釈も多く、従来の諸説を集合し、これらに批判を加えつつ自説を展開した『宗義決択集《しゅうぎけっちゃくしゅう》』二十巻は、その後の真言教学において参照されることが少なくない。

両者のうち、長覚は不二門《ふにもん》を、宥快は而二門《ににもん》を主張し、以後、高野山の教学を二分する潮流となった。長覚が無量寿院を主管し、宥快が宝性院の住持であったため、それぞれの住坊の名を取り上げて、長覚系の不二門を寿門《じゅもん》、宥快系の而二門を宝門《ほうもん》と称している。

高野山では、以後、学侶は宝寿二門にわかれて、互いに論義を交わし、真言教学の樹立に努めたところから、室町時代の真言教学の隆盛を、一般に「応永の大成」と呼んでいる。

応永十四(一四〇七)年、寿門方の長誉《じょうよ》と宝門方の快全《かいせん》が、奈良の興福寺の方式に倣い、高野山においても竪精《りっせい》の論議を始めた。それは伝統化して、現在にも継承されている。

立川流《たちかわりゅう》　鎌倉時代には、陰陽合一《いんようごういつ》思想を取り入れた秘伝が、真言各山の流派に流入し、その一部に採用されるまでになった。智すなわち主体と、理すなわち客体の二元の一体化を、男女両性の和合をもって説明するために、それは邪教といわれる。天台系の玄旨《げんし》帰命壇《きみょうだん》と並び、真言系では、立川流がその代表とされる。

而二門を主導する宥快は『宝鏡鈔《ほうきょうしょう》』を著し、不二門の系統に近い立川流に対して徹底した批判を行うとともに、真言教学の純一性を護るために、念仏信仰の排除に努めた。

念仏信仰の排除

室町時代の高野山では、聖《ひじり》の時宗化《じしゅうか》が始まり、聖たちは負頭陀《おいずだ》で金を叩き、高声で念仏を唱えながら山内を踊り回った。この時代の時宗聖は鎌倉時代までの高野聖のように、真言と念仏の融合に関心を持たず、真言念仏に類するような密教的な要素を失ってしまった。応永年間に再三にわたって金剛峯寺側から禁制が出されたのも、そこに原因の一端があったようである。

宥快による真言教学の再編成と念仏弾圧には、世俗化した高野聖の存在と、密教と無関係になった念仏信仰の異常な隆盛という社会背景を考慮に入れなければならない。

応永の大成はまさに文字どおりの大成に終わって、その後の高野山の教学にさしたる発展の跡が見られない。このように高野山教学が応永の時点で固定化してしまったのは、戦国時代以後、主として学侶の経済的な基盤であった寺領荘園を次々に喪失して、教学の展開を阻害したことがその一因と考えられる。

7　室町から戦国、江戸時代へ

宿坊・寺檀《じだん》
関係の成立

平安後期から貴族や武士などが高野山に登山し、堂塔寺院を建立することが少なからずあり、それぞれが特定の塔頭《たっちゅう》寺院の檀越《だんおつ》となり、宿坊・寺檀《じだん》関係がしだいにでき上がっていった。その成立を示す最初の文献として、建徳二（一三七一）年の契約書が残されている。

それによれば、当時すでに諸家と寺院との間に宿坊・寺檀関係が成立しており、その関係を破った場合や、客引きをした時の罰則が規定されている。また登山口で関銭《せきせん》が徴収されていたようである。

室町時代から戦国時代にかけても、武家と塔頭寺院との関係は深まり、とくに徳川家が時宗聖の他阿《たあ》の紹介で、大徳院と寺檀関係を結んで以来、諸大名が競って高野山に菩提所を設け、墓を建立するようになる。やがて庶民もこれに追随し、武家とその一党およびその領民に至るまで、塔頭寺院との間に強固な寺檀関係ができて、高野山の宿坊制度は固定して二十世紀まで続く。

高野山の行人は学侶の法会・談義に関する雑用係から、しだいに年貢徴収をはじめとする経済的な事務に携わるにつれて、経済力を掌握強化し、学侶と対抗する力を保持するまでになる。そのため室町時代以降は、学侶と行人との争いが頻発することとなった。

学侶と行人の争い

学侶と行人との抗争に、武家も加担し、高野山内は戦いの場と化した。諸堂塔や寺院は戦火ないし放火により再三にわたり消失の憂き目に会い、一時、学侶が大挙離山し、荒廃する寺院も少なくなかった。とくに永正十八(一五二一)年二月の大火は、壇場伽藍をはじめ塔頭寺院の大半を焼きつくし、その後、御影堂が急造されただけで、高祖大師の七百年の御遠忌《ごおんき》は惨憺たる状況のもとに迎えざるを得なかった。このとき以来、東寺長者の座主兼職は名のみ残された。応仁の乱により衰退していた東寺の権勢が、高野に波及しにくくなったのであろう。

戦国大名と高野山

応仁の乱以後、武士階級の台頭により、各地の荘園や寺領は略奪が繰り返され、真言各山は戦火の被害も甚大で、いずれも著しい荒廃に見舞われた。信長による高野山の包囲、秀吉による根来山の焼き討ちは、高野山と根来山の武装解除と、それらの寺院のもつ経済力を削《そ》ごうとしたものであった。

信長に刃向った荒木村重の家臣が高野山に逃げ込み、その捜索に来た信長の家臣を行人が討った。そのため激怒した信長は、多数の高野聖と高野山関係の僧をとらえて惨殺し、高野山を包囲するにいたった。その後、攻防一年あまりして、信長は本能寺で討たれ、高野山はようやく難を免れることができた。

秀吉は天下を掌握するや、根来、高野、熊野の三山に帰順を求めた。天正十三(一五八五)年、根来はこれに逆らい焼き討ちされた。秀吉はさらに兵を高野に向け包囲し、僧兵の武装解除と寺領の没収、アジール(逃げ込んだ敗者の保護)の特権の放棄を求めた。根来山の壊滅状態の再来を恐れた高野山は、客僧の応其《おうご》を仲介役として、秀吉の許に遣わし、無条件降伏に応じた。

木食上人《もくじきしょうにん》・応其

応其は近江生まれの武士出身で、天正元(一五七三)年、三十八歳で高野山に登り、得度した。室町時代の高野聖には、時宗化して堕落した聖に対する反発から、五穀を絶ち、木の実を食する苦行に入る者も少なくなかった。応其もまた草衣《そうえ》木食《もくじき》の行を重ねたため、木食上人といわれる。

秀吉は応其に対する信頼が厚く、高野山に三千石を寄進して、金堂を再建させようとした。だが高野山の所領に不正が発見され、それに怒った秀吉は高野の寺領をすべて没収した。その

応其上人墓所

時もまた客僧の身分に過ぎなかった応其の奔走によって、二万一千石が回復したが、そのうち六千五百石は、応其に対する秀吉の信頼を反映して、行人に与えられた。

文禄二(一五九三)年、秀吉は大伝法院の跡地に、母公の菩提を願い、その剃髪を収める寺院を建立したが、この剃髪寺は後に青巌寺《せいがんじ》と改称された。これより四年前に応其は、勧募により行人系の坊の興山《こうざん》寺《じ》を建立し、秀吉からの寄進も得ていた。明治二(一八六九)年、この青巌寺と興山寺を合併し、一寺としたのが現在の総本山金剛峯寺である。

また応其は秀吉以下諸大名および紹巴《じょうは》などの文人を高野山に迎えて連歌の会を催し、みずからも連歌の作法書『無言抄《むごんしょう》』三巻を残した文化人でもある。

風土記　高野山之部』第一巻）より

江戸時代の高野山

中世以来、高野山の浄土信仰に魅せられ、山に足を運んだ多くの人たち、とくに上皇、貴族や武家によって寄進されてきた寺領、荘園などから得られる莫大な収益が高野山教団の維持発展に少なからぬ寄与をなした。

この潤沢な資金が高野山の教学の振興に役立ったが、また一面において、その利権をめぐって学侶、

古地図　江戸時代後期(『紀伊続

行人、聖の三派の間に激しい争いを起こす原因ともなった。

　こうした情勢の中にあって、秀吉がとった宗教教団に対する施政、すなわち高野山がもつ宗教的な権益の奪取、寺領の根こそぎの没収という鞭《むち》、その反面、権力者の威光を誇示する寺院の建立、扶持米《ふちまい》の施与という飴、硬軟両面からの武家による宗教支配は、従来の高

野山の経済機構を根本的に変革することになった。

家康が戦国の乱世を統一し、太平の世を築いても、対仏教政策の基本姿勢に変更はなかった。仏教教団のもつ経済力と僧兵などの武力を徹底して排除し、その財を権力者の何らかの意図をもって教団に分与し、それを餌にして宗教統制を行う。織豊《しょくほう》政権においても、徳川幕府の政策においても、その基本線に変わりがない。

徳川の幕藩体制のもとに、為政者は僧侶の学問を奨励し、武力の保持を厳しく制限した。徳川幕府は政治に関係する部門だけではなく、仏教の各教団や有力寺院に対して、法度《はっと》をたびたび発布し、その統制政策は些細な点にまで及んだ。

勧進という独自の募金制度はすでに崩壊し、寺領収入も失った教団は、幕府から与えられる扶持米の分け前の多寡にのみ関心が寄せられた。秀吉によって与えられた高野山に対する扶持米の二万一千石の石高は、徳川時代にもほぼ踏襲され、その分け前の多寡を巡って、学侶、行人、聖の三派の間で、絶えず紛争が繰り返された。その判定を巡り、再三にわたって江戸表に上訴し、幕府の裁断を仰ぐ醜態がしばしば演じられている。

一方、高野山霊場信仰は中世の聖たちの唱導によって、貴族のみならず民衆の間に幅広く浸透したが、中世から近世にかけて、念仏に代わって大師信仰が隆盛になる。徳川家が大徳院と寺檀関係を結んだのにならい、諸大名が競って高野山に菩提所を設け、墓を次々に建立した。やがて庶民もこれに追随するようになる。室町末期、すでに高野山に所縁坊制度《しょえんぼうせいど》の萌芽がみられるが、このころには宿坊と檀縁地《だんえんち》との密接な関係ができ上がり、中世の寺領経済に代わって、高野山の近世的な宿坊経済の基盤が完成する。

江戸時代を通じて、高野山の学侶のなかにさしたる業績が認められない。幕府の仏教統制政策のもとで、異議が禁止され、真言宗の教学が定型化し、活力を失った結果と考えられる。ただ江戸の後期には近世の実証主義的な研究態度の萌芽と、復古ムードに乗って、高野山においても歴史研究が盛んになり、歴史書や伝記類の書物が数多く世に出されている。

第五章　高野山の今昔

ケーブルカーと不動坂(左側)

明治維新は近代日本を誕生させる歴史的な転換点であった。それはまた高野山においても、寺院組織、経済基盤、伝統行事、教化活動等々、各方面において、この山の歴史を根底から更新するほどの変革をもたらした。

明治は遠くなりにけり、と歎《たん》じられたのは昭和の時代であったが、千二百年に及ぶ高野山の歴史を考えれば、明治はまだ指呼《しこ》の間にすぎぬといえる。その意味において、ここでは明治以降現代にいたる百四十年余の高野山の歩みは歴史とは別立てにし、今昔として章を改めることにする。

1　高野七口

八葉の峰に囲まれた現世の浄土と信じられた高野山には、代表的な入り口が七ヵ所あった。これを高野《こうや》七口《ななくち》という（地図参照）。平安末の摂関期以降、身分の上下を問わず人々は険阻《けんそ》な山

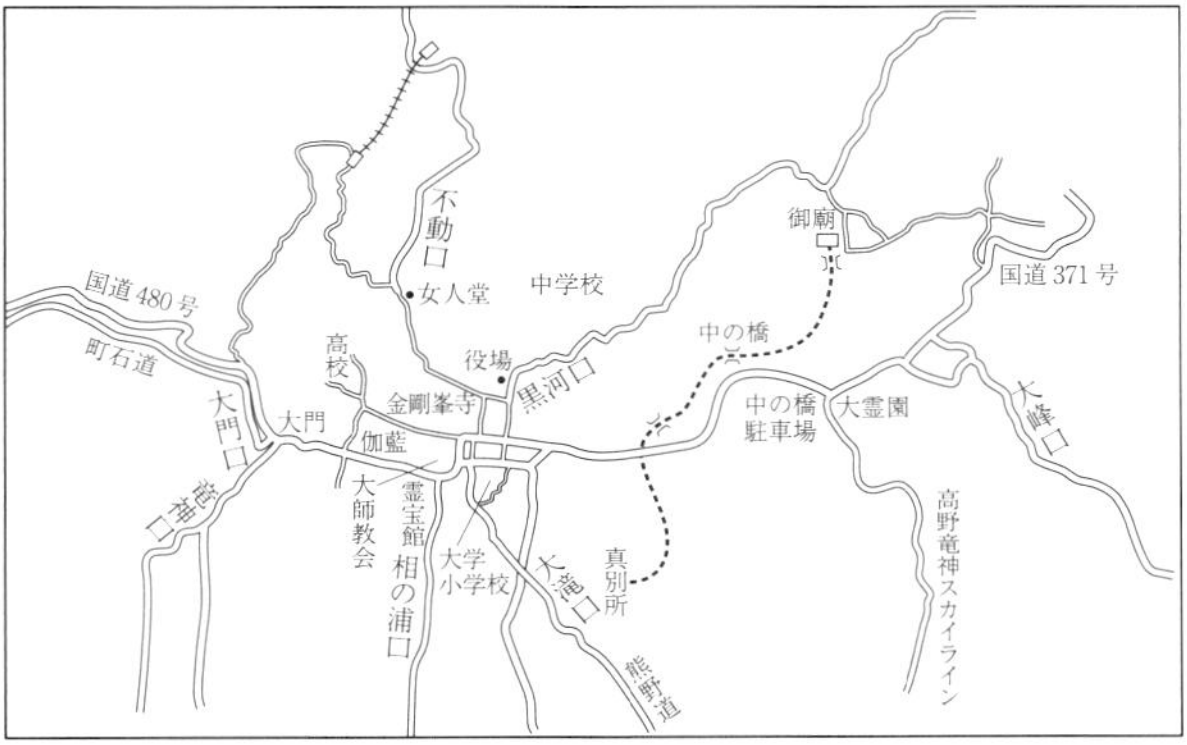

高野七口

道を三礼しつつ、今なお生きて人を待ち迎える大師のいます山を目ざし、汗を流した。

昭和の初期に、高野山まで鉄道が通じて、それまでの参詣道はほとんど廃道となった。それに戦後の自動車の山内乗り入れと山間地域の過疎化が、かつての参詣道の荒廃に追い打ちをかけた。

ただ平成十六(二〇〇四)年に、「紀伊山地の霊場と参詣道」がユネスコの世界遺産に登録されて以来、高野山の参詣道も注目され、そのうちの若干のルートは観光資源として復活されつつある。

高野七口とは、大門口、不動口、黒河《くろこ》口、大峰口、大滝《おおたき》口、相《あい》の浦《うら》口、竜神《りゅうじん》口をいう。この呼称は元禄時代にはでき上がっていたとみられる。それぞれの〝口〟には、制札が建っていた。各口には、それぞれ女人堂《にょにんどう》が付随するともいわれるが、必ずしもそれが全体に及んでいたとは限らない。そのうちのいくつかは単なる山の堂であった可能性が高い。七口のうち現在まで残っている建造物は、不動口に建てられた女人堂のみである(四九ページの写真)。この女人堂は最も古い正保三(一六四六)年の古絵図に、唯一の女人堂として掲載されている。

奥之院と伽藍を取り囲む八葉の峰の尾根道をつなぐ道筋を、女人道《にょにんみち》と名づけ、山内に入ることを許されなかった女性の信者が、それを巡って遥拝《ようはい》したと伝えられている。現在この道はハイキングロードに変貌している。

大門口

高野山麓の慈尊院《じそんいん》(高野政所《まんどころ》、世界遺産、現 九度山町)から天野《あまの》(現 かつらぎ町)の丹生都比売神社《にうつひめじんじゃ》(世界遺産)を経て、大門をくぐり壇場伽藍に至る道が大門口である。江戸の中期には大門を通らず、弁天嶽から谷ヶ峰を経て伽藍に通じる西口が、一時期には利用されていたようである。

慈尊院から大門を経て伽藍に至る道には、一丁ごとに、胎蔵界の百八十尊の梵字《ぼんじ》を添えて、里程《りてい》と施主名を刻した石碑が建てられている。それにちなんで、百八十丁に及ぶこの道を、一般に町石道《ちょういしみち》と呼んでいる(カラー口絵)。

この道は白河上皇を始めとする上皇や、藤原道長などの貴族、さらには庶民の多くが三礼しつつ登った、中世から近世にかけての高野詣のメインルートであった。現在、自動車道が後半部分だけこの道にほぼ沿って通じて観光バスや乗用車で賑わい、乗客運搬数では今も首位を保っている。

不動口

不動口は、東高野街道、あるいは京・大坂街道とも呼ばれ、江戸時代から近世に至るまで最も栄えた街道である。紀ノ川の南岸の学文路《かむろ》から河根《かね》、作水《さみず》、桜茶屋《さくらぢゃや》、神《かみ》谷《や》を経て、不動坂から現在唯一残る女人堂に通ずる山道をいう。南海電気鉄道の高野線の終点で、ケーブルカーとの乗り換え駅の名前のもとになった、極楽橋から女人堂に至る坂道の途中に、清不動《きよめのふどう》の堂舎があることから不動坂の名が生まれ、その入り口が不動口といわれるようになった。

江戸後期までは、町石道による登山者が多いが、江戸末以降は不動口を経由した登山者の数が圧倒的に多くなる。急な坂の連続であるが、高野に至る最短距離の道という利便性が、この道の隆盛をもたらしたものと思われる。

中世から近世にかけ、身分の上下を問わず大師を念じつつ登った信仰の道であった大門口に至る町石道がすたれ、江戸末以降に短距離、短時間ですむ不動口の街道に効率を求める人たちが殺到した。こうした道の歴史的な変遷は、近世の高野詣の参詣者の信仰心の変化の反映とみられる。

東高野街道の宿場として賑わった神谷が、高野詣の精進落としの歓楽所としても有名になったのも、参詣者が信仰とともに、旅そのものを娯楽の一つと考えるようになったためであろう。

大滝口

現在の高野山大学の裏山からろくろ峠、大滝を経て熊野に通じる、いわゆる小辺路《こへち》といわれている街道が大滝口である。熊野口ともいわれる。中世には、高野山から熊野へ、あるいはその逆ルートをたどり両聖地に参詣する人たちに利用された。

「紀伊山地の霊場と参詣道」がユネスコの世界遺産に登録されて、この街道も改めて注目されようとしている。

大峰口

大峰口は、摩尼《まに》口ともいう。現在の中の橋駐車場から奥之院の東の峰を経て、大峰に至る山岳道である。ユネスコの世界遺産登録十周年ならびに高野山開創千二百年を記念して、吉野高野合同の調査団が、吉野から大峰山大天井ケ嶽、切抜峠、高城山、天辻峠を経て、高野山に至る道を二泊三日かけて踏破した。

これは弘法大師が高野山開創にあたって申請書に記した、みずからたどった山岳縦走ルートであると考えられる。

竜神口

大門から西に向かい、新子《あたらし》、梁瀬《やなせ》、護摩壇山《ごまだんざん》を経て竜神に至る道を竜神口という。現在では、これとは別に、奥之院の中の橋駐車場から、スカイラインが護摩壇山まで新たに通じ、さらに竜神に至る道が利用されている。

相の浦口

霊宝館の横から道を南にとり、相の浦に至る道が相の浦口である。現在は、金剛三昧院の裏山からトンネルを抜ける道が利用されている。

黒河口

黒河口は奥之院の裏に立つ摩尼山《まにさん》と楊柳山《ようりゅうさん》の間の峠を越えて、鶯谷から高野町役場の横に至る道。現在は、ほとんど利用されていない。

竜神口、相の浦口、黒河口などに通じる道は、参詣道というより、高野山においていろいろな仕事に従事する人たちが通った日常生活に密着した、いわば産業道路であったと思われる。

2 近代的な交通網の整備

電車とケーブルカー

高野山への登山道は、身分の上下を問わず多くの人々の霊場参拝、あるいはそこに住む僧侶の生活物資の搬入道路として、人々によって踏み固められた千年の歴史をもつが、昭和の初めに大きな変貌を余儀なくされた。電車、ケーブルカーが高野山に通じ、徒歩による登山参拝者は皆無となり、麓の村落に通じる生活道路は別として、通常の参拝者がたどった登山道はいずれも廃道に近い状態に追い込まれた。

高野山に生活物資を運ぶ方法として、人力によらず空中から搬入する道がまず開かれた。明治四十五(一九一二)年、椎出《しいで》から神谷、高野山の弁天嶽を経て大門の横まで高野索道株式会社が営業を開始し、索道《さくどう》によって生活物資が山に届けられることとなった。この索道は戦後も継続して営業され、高野山道路の開通によってその使命を終えた。

大正四(一九一五)年に高野登山鉄道が大阪の汐見橋から橋本まで開通、同十四(一九二五)年に、椎出(現在の高野下駅)まで延長し、昭和四(一九二九)年には極楽橋まで完成し、翌五年にケーブルカーが高野山上まで架けられた。その間、大正十四年に、九度山と神谷との間に、高野登山自動車会社が登山バスを運行したが、電車の開通によって廃止されている。

電車・ケーブルカーの全面開通は、五年後にひかえた弘法大師入定千百年の御遠忌の際の参詣者の増加に備えたものであるが、それまで不動坂の下にたむろしていた人力車、山駕篭、尻押し、荷持ちなどの登山補助員はしだいに姿を消していった。

バスの運行　消えたもの

昭和八(一九三三)年には高野山自動車株式会社が設立され、高野山駅から女人堂まで新たに開かれた道にバスを走らせ、やがて南海電気鉄道が変わって経営にあたることとなる。翌九年には、高野山大門自動車株式会社によって、高野山駅から大門までのバスも運行されたが、乗客数が伸びず、太平洋戦争中の物資不足もあり、この路線の運行は停止された。

高野山内の自動車乗り入れ禁止が解かれるのは、昭和二十七(一九五二)年で、南海鉄道の経営により高野山駅から山内を経由して、高野山の東北側の中腹にある北股《きたまた》との間にバスが運行された。やがてこの路線に沿い、山内に複数の停留所が設置され、駅と中の橋バス停まで、あるいは大門まで、山内運行のバスが頻繁に往復し、参詣者の便宜が図られるようになった。

その結果、それまでバスの終点であった女人堂から、山内に向かう下り坂の両側に、ズラリと並んで客待ちをしていた人力車は、すべて姿を消すこととなった。また坂下の道路に、小さな木箱の上に布をかぶせ、その上に八円の小銭のかたまりを数個積み上げ、「お賽銭の両替いかがですか、お参り所はたくさんありますで」と参詣人の一人ひとりに声をかけ、十円と交換していた露店の女性もいつの間にか店じまいして、いなくなってしまった。

時期をほぼ同じくして、女人堂の坂下に建てられていた屋舎に係員がいて、坂を下ってくる参詣人に、出身地を訪ね、その生国に縁のある宿坊に、それぞれ案内人をつけて送り出していた所縁坊《しょえんぼう》案内所は、その役目を終えて閉じられた。明治時代には、不動口にあたる女人堂のところだけではなく、大門口にも、奥之院の大峰口にも、所縁坊案内所があったという記録があるが、これらは早くから閉鎖されている。

バスの山内通過によって、かつて存在した参詣者と、その生国に関係する大名とゆかりをもつ宿坊寺院との関係が希薄となり、旅行社を通じての宿坊選びに変質してゆく端緒となった。

さらにまた高野山開創千百五十年を機に、高野下から南海電鉄高野線に沿い、中間地点の矢《や》立《たて》より町石道にほぼ沿って大門に至る、有料の高野山道路が昭和三十五(一九六〇)年に開通し、昭和六十二(一九八七)年には県道となり、観光バスや乗用車が頻繁に往復するようになった。

3　政治・経済の変遷

廃仏毀釈《はいぶつきしゃく》

明治元(一八六八)年、王政復古がなり、新政府が樹立されるや、明治政府は神道を中核とする天皇制国家の樹立を目ざして、ただちに神仏分離令を発布した。それにともない廃仏毀釈の運動が全国的に広がり、高野山でも丹生・高野両明神社を大日堂として仏教寺院化する指令が出され、同四(一八七一)年に高野鎮守明神《こうやちんじゅみょうじん》が天野に移転している。

さらにまた明治元年、行政官から学侶、行人、非事吏《ひじり》(聖のこと)の高野三派に対して、以後、三派の名目を廃し、金剛峯寺の旧号を復活し、全山の興隆を図るよう通達がなされた。この命により翌二年に三派は強制的に解体され、学侶方の青巌寺と、行人方の興山寺が合体して金剛峯寺と称することとなり、非事吏方の大徳院は講学所となり、三派の僧名帳に代わり、新たに三合同の僧名帳が作成された。このような経過を経て、長年にわたり抗争に明け暮れしてきた三派は解体されることとなった。

明治四年の上地令《じょうちれい》により、豊臣秀吉以来、賦与されてきた二万一千三百石が召し上げられ、代わりに五千二百五十石が与えられることとなったが、同六年には、山林の上地令が発布せられて四千町歩の寺有林が没収され、高野山の経済は一挙に危機に瀕することになった。

女人禁制の解除

明治五（一八七二）年に太政官付告によって、女人禁制が解除され、高野山は女性の登山が可能となった。とはいえ現実に女性が山に住み、家庭を営み、商売にたずさわったり、あるいは女性の参拝者が宿泊したり、僧侶が妻帯を表面化するようになったのは、明治も四十年以降のことである。

明治五年、古義真言宗を統括する管長職の設置が決まり、降魔研暢《ごうまけんちょう》がその任に推されたが、翌年、太政官付告により金剛峯寺と東寺の両大寺が古義真言宗の総本寺と定められ、両寺にそれぞれ管長職を置くこととなった。

明治時代を通じて、高野山の経済的な疲弊ははなはだしく、明治二十一（一八八八）年の大火によって、一気に寺院の統廃合が進み、江戸時代には山内に七百余坊あったのに対して、大火以降に百三十ヵ寺を残してそのほかの寺院、堂舎は整理統合された。現在ではそれが百十七ヵ寺となっている。

明治二（一八六九）年に藩籍が奉還され、このとき高野山は堺県の管轄下に入り、その後、五条県に編入される。

明治二十二(一八八九)年には、町村制施行とともに十三の字《あざ》からなる高野村が誕生し、初代村長が赴任することになった。ここに千年余にわたる高野山の金剛峯寺と僧侶による自治が終焉を迎え、女人の止住《しじゅう》とあいまって、高野山の世俗化が一気に進展することになる。

明治二十七(一八九四)年、高野山上で最初の子ども(高野営林署関係者の長女)が誕生し、翌年には山で最初の金融機関となる畝傍《うねび》銀行の支店が開設されている。高野山の周辺の村落では、早くから小学校が設置されていたが、山上に私立小学校が開校したのは遅く、明治四十(一九〇七)年のことである。このころには山内に居住する家族がかなりの数に達していたのであろう。

堂塔の整備、建造

明治維新以降、高野山の財政は禄の支給が停止され、山林を召し上げられるなど、基本的な経済の基盤を喪失して、疲弊の極みに達した。とはいえ大師に対する庶民の信仰心は根強く、女人禁制の解除と交通網の発達によって参詣者は増加し、明治二十一年の大火以後、寺院の堂舎の建築が相次いだ。

高野山では大師入定以後、五十年ごとに御遠忌《ごおんき》の法会が大々的に営まれ、極端な荒廃の時期を除いて現在まで継続されてきた。また高野山の開創を記念する法会も、近世になって五十年ごとに営まれるようになった。御遠忌と高野山の開創といったビックイベントが、ほぼ二十ないし三十年ごとに行われ、これらの大法会を記念して堂塔の新築、整備が次々に実現している。明治十七(一八八四)年、弘法大師入定千五十年御遠忌には、それほどの経済力をそなえていなかったせいか、さしたる事業計画が残されていない。

大正四(一九一五)年の高野山の開創千百年に際しては、宝物館と図書館の建設、東京に高野山別院の設置が計画された。宝物館としての霊宝館は大正十一(一九二二)年に、図書館は高野山大学のキャンパスに昭和四(一九二九)年、それぞれ日本の洋風建築としては時代を代表する建物として完成し、現在まで利用されている。

大正八(一九一九)年、明治維新後、国に没収されていた寺有林のうち二五〇〇ヘクタール余が返還され、金剛峯寺の管理下に置かれることになった。それまで逼迫《ひっぱく》していた金剛峯寺の財政がやや落ち着きをみせ始めるのも、このころからである。

大正十五(一九二六)年十二月二十五日、大正天皇の崩御を悼み追悼法会を修したのち、残り火の不始末から、その翌早朝、昭和が始まる初日に、金堂から出火し、孔雀堂、六角経蔵が焼

旧金堂正面

旧金堂内陣．須弥壇(仏を祀る壇)

失する不幸に見舞われた。このとき、金堂に安置されていた、大師の時代から伝えられてきた本尊を始め脇侍《きょうじ》の菩薩、明王など数体の弘仁仏（平安時代初期につくられた仏像）が惜しくもその姿を消した。

昭和九（一九三四）年の千百年の御遠忌は、このような事態を踏まえて、主として伽藍の整備に力が注がれた。焼失した金堂は昭和九年の御遠忌当年に、天保十四（一八四三）年の大火により焼失していた大塔は昭和十二（一九三七）年に、それぞれ落慶法会が修せられている。この御遠忌の記念事業として、伽藍の再建という大事業のほかに、真言宗全書全四十二巻の編纂という文化事業も行われ、真言教学の基礎研究に多大の貢献をなすこととなった。

この御遠忌法会には、日本全国の大師信者が大挙して団参し、国鉄は橋本駅に団体列車の駐留する線路を特別に設けたほどで、山には参詣人が満ちあふれ、大きな盛り上がりを見せた。

しかしこのころから日本は戦時体制に入り、参詣者はしだいに減少し、宿坊の活気は失われてゆく。昭和十九（一九四四）年に、三重海軍航空隊予科練生が高野山の宿坊寺院の多くに住んで、翌年敗戦の日まで、一年あまり山上で訓練を続行した。そのため寺院が荒廃し、経済的な痛手は大きく、戦後の物資不足もあって、昭和二十年代の高野山寺院は、なお逼塞《ひっそく》の時代が続いた。

戦後の移り変わり

戦後、金剛峯寺の山林経営は、分収造林契約、譲与山林と国との契約関係が変化していく。昭和二十二(一九四七)年に部分契約五三九ヘクタール、昭和二十六年に譲与山林として五七九ヘクタールが金剛峯寺に返還された。そのため経済的には一息つき、将来をみすえて、伐採後に大規模な植林事業も継続して行われた。ただ二十世紀後半期ごろから外材の輸入自由化により、木材価格は暴落し、山林経営が必ずしも金剛峯寺の財政を潤す原資とはなっていない。

昭和四十(一九六五)年の開創千百五十年の記念事業として、霊宝館の収蔵庫の新築がなされ、奥之院の燈籠堂の改築が行われた。また徳川家霊台は改築・整備が行われて面目を一新し、高野山の観光ポイントの一つに加えられた。

このころから、社会は第二次大戦の敗戦の痛手を乗り越え、経済の高度成長の本格的な展開期に入る。人々の生活水準の劇的な向上とともに、参詣者はしだいに増加し、その結果、宿坊寺院の多くは新築、増築を重ねた。

それまでの地縁による結びつき、あるいは特定の霊能的宗教指導者に帰依《きえ》する信徒の集団などによる団体の高野詣から、個人ないしは家族連れの観光目当ての旅行に、高野山を訪れる人の目的が変化してゆく。それに伴って宿坊寺院は従来の大座敷主体の間取りが、小さな個室の客間の集合態に変わり、冷暖房、テレビなど世間一般の宿と同等の設備も整えられるようになった。

昭和五十九(一九八四)年の弘法大師入定千百五十年の御遠忌には東塔の再建がなり、奥之院に第二燈籠堂が新築されている。それに先立ち、伽藍の孔雀堂の再建が昭和五十五(一九八〇)年に果たされた。

平成二十七(二〇一五)年、開創千二百年の記念事業として計画された、伽藍の中門の再建工事が完成し、大法会の開白初日に、落慶法要が予定されている。

4　教育と宗団

古義大学林

明治維新の旋風により、高野山のみならず真言各宗の子弟の教育制度は大きな変革を遂げることとなった。維新後、真言各派の合同になる大学林が設置され、運営されてきたが、明治十九(一八八六)年五月、それまで興山寺跡で宗徒の教育にあたってきた小教院を古義大学林と名を改めて改組し、古義真言宗各派合同の教育機関として内務大臣の許可を得て発足した。このとき、附属の尋常中学林《じんじょう》も併設されている。現在の高野山高等学校の前身である。

古義大学林の講義内容に、高野山における伝統的な教学である勧学会《かんがくえ》の内容も考慮に入れられていることは注目される。なおこのとき、尼僧と在家の入学を認めたと記されている(『高野山大学百年史』年表、高野山大学、昭和六一年)が、実際入学生があったかどうかは判明しない。

高野山大学

大正十五(一九二六)年、単科大学令によって、高野山大学が大学として正式に認可され、昭和四(一九二九)年には、現在地である上の段に移転、新築された。それより前の大正十四年、併設されていた中学林は大学と分離し、現在、高野山高等学校の校舎がある谷ヶ峰に移転している。

高野町立の高野山高等家政女学校が昭和十六(一九三六)年に設立されたが、戦後の学制改革により、同二十二年に新制の中学校に併設となり、翌年、廃止された。高野山での女学校の歴史はわずか六年しか刻むことができなかった。

学制の改革により、昭和二十三(一九四八)年に、中学は新制高校として、大学は新制大学として新たに出発し、出家・在家を問わず、男女共学のもとに弘法大師の教育理念を掲げて教育に当たり、現在に至っている。

高野山大学には、昭和二十七(一九五二)年、大学院に仏教学専攻と密教学専攻の修士課程が認可され、さらに昭和四十三(一九六八)年に同じく博士課程が設置され、昭和十八年に設立された高野山密教研究所が、昭和三三年(一九五八)年に密教文化研究所と改称して再発足し、今日まで高度な真言密教教学の研究に従事している。四階建ての現校舎は、昭和六十一(一九八六)年、高野山大学創立百周年を記念して、全国の卒業生より寄せられた基金によって、新築された。

高野山において、僧侶の短期養成のための教育施設として、大正十一(一九二二)年に高野山修道院が、大本山宝寿院《ほうじゅいん》の境内地に設けられた。昭和十八(一九四三)年に、高野山専修学院と改名し、一ヵ年課程の全寮制で、男性の若年僧を対象に宗義と実技の指導にあたっている。

専修学院とは別に、女性を対象とした短期教育の尼僧学院も設けられている。

明治五(一八七二)年、政府は教部省を設けて、一宗一管長制を指令した。その命に従い、真言宗では、翌年、金剛峯寺と東寺を古義真言宗の総本山とし、京都の智積院と大和の長谷寺を新義真言宗の総本山とし、これら四つの総本山から交代で全真言宗の管長《かんちょう》を出すことに取り決めた。

宗団の行政組織

ところがこのような約束事は早くも五年後に破棄され、複数の本山が独立し、全真言宗の統一構想はもろくも崩れ去るのである。以後、真言宗各山は、第二次世界大戦中に国策によって一真言宗として統合された以外は、常に分裂と統合を繰り返してきた。

昭和四十年代には、真言宗関係の主要な寺院と本山の十八ヵ寺が単一の組織体をつくり、十八総大本山会(略称　各山会《かくさんかい》)と名づけ、後七日御修法《ごしちにちみしほ》、各種の褒賞などの運営にあたっている。

総本山金剛峯寺は高野山内に寺院を置く、大本山宝寿院および百十七の塔頭寺院全体を含む構成で、その代表役員として座主《ざす》を戴く。

高野山真言宗は全国に三千六百有余の寺院および教会を有し、それらを統括する組織で、その首座に管長を置き、全寺院を統括する。宗団の規約に従って総本山金剛峯寺の座主が高野山真言宗の管長を兼務する、いわゆる「宗本一体制《しゅうほんいったい》」をとっている。

座主は任期四年で、金剛峯寺の塔頭寺院の正住職の代表、高野山真言宗の宗会議員、全国支所長ならびに各支所よりの推薦者を加えた計百二十九名の正住職の選挙によって推戴される。

座主・管長のもとにある執行長《しぎょうちょう》(宗務総長)は、その指揮下の五執行(総務、教学、法会、財務、山林の各部長)および総長公室長、信徒局長、社会人権局長とともに内局を構成し、宗団の一切の運営と活動に責任をもつ。任期は四年である。

法印《ほういん》は任期一年で、高野山山内住職の長老が順次就任し、金剛峯寺年中行事に記載されている法会のうち、主要法会の導師を務める。法印には、寺務検校の職名が冠せられるが、古来の検校に付随する政治・経済に関する職責は、現在では宗務総長が受け持ち、現実には有名無実である。

5　外国からの訪問者

世界遺産に登録

平成十六(二〇〇四)年、高野山が「紀伊山地の霊場と参詣道」の一部として、ユネスコの世界遺産に登録されて以来、海外からの観光客が急激に増加するようになった。大きなリュックを担いだ若者が多いが、年配の二人連れ姿もよく見かける。最近では日本人の大師信者や観光客の来訪者数が伸びない中で、外国人客がとくに目立つ。

それもアジア系の人はそれほどの数でもない。ヨーロッパ系の人たちが単身あるいはカップルなど少人数で山内を散策して、堂塔や自然の風景に向かい、カメラに熱中していることが多い。

なぜ高野山に魅かれるのか

かれらに話しかけてみる。僧侶の修行しているお寺に泊めてもらうのは、日常性を超えた特別の体験である。また通常の町並みの中を少し歩くと、大きな杉木立の合間から、巨大な堂塔や寺院、さらには墓地などの異次元が突如として現れる、そして梵鐘《ぼんしょう》が幽《かす》かに響く。とてもファンタスチックだ。お寺やお堂の中に漂っているどことなく澱《よど》んだにおいにも魅《ひ》かれる。湿気を帯びたひんやりした朝の空気が、なにかしら異界をさまよっているような気分に、知らず知らずにさそいこむ。それに宿坊の精進料理は目新しくおいしい。いろんな話を総合してみると、こういうことになる。

眼、耳、鼻、舌、そして皮膚感覚、これら五感を心地よく刺激する道具立てが、高野山には結構整えられているのだ。いつもそこに住んでいる者には、気づかぬ隠された蜜の味を見つけ出す異国の人たちの感覚の鋭さ。高野山の息を吸って、一言で表現しにくいこのような雰囲気を、昔の日本人はまとめて霊気と呼んだのだろうか。

高野山ではじっくりこもって、むずかしい哲学的な思索を巡らし、独自の論理を構築するよりも、無心に五感を研ぎ澄まし、宇宙の果てから忍び寄る霊気の、声なき通信を体で受け止め、身につける。こういったことに時を過ごすのにふさわしい場所だということに、改めて気づかせてくれたのも海外からの旅行者だった。霊峰高野の新しい価値が、平成の御代になって、異国の人によって見つけ出された、といっていいのかもしれない。

第六章　高野山の文化財

大日如来坐像(西塔)

千二百年の歴史を刻む高野山には、数多くの貴重な文化財が現在まで伝承されてきている。長い歴史の中では、堂塔や寺院の火災によって焼失したものも少なくはないが、その多くは僧侶によって災害から命を懸けて守られ、保存されてきた。

現在それらは文化財と一括して呼ばれているが、仏像であり、絵画、書跡、あるいは密教儀礼のために使用せられる法具であり、経典であり、文書である。それらを単なる美術品としての鑑賞の対象とか、あるいは文化遺産として分類するにも少しばかり違和感が伴う。

それらは礼拝の対象であり、修法のために必須の用具であった。それらにはいずれもいのちが宿っている、と信じられていたからこそ、時を超えて現在まで守り伝えられてきたといってよい。だがこういった千二百年にわたって生命を保ち続けてきた信仰の遺産が、一般に広く公開されるということは、それらが現代人にとって何らかの意味を発信しているという理解も可能である。こういった解釈を含めて、改めて高野山に残された宗教的な遺品の跡を訪ねてみたいと思う。

1　仏像

金堂の本尊と脇侍

伽藍《がらん》には、弘法大師が自身で祈られた仏像は、残念ながら現在まで残されてはいない。昭和元（一九二六）年に焼失した金堂に安置されていた秘仏の本尊と脇侍《きょうじ》の金剛《こんごう》薩埵《さった》と金剛王菩薩は、今となっては写真でしか見ることはできないが、脇侍の二菩薩は阿閦《あしゅく》如来の四親近《ししんごん》菩薩のうちの二体で、大師請来《しょうらい》の現図《げんず》曼荼羅のうち、金剛界曼荼羅の菩薩像と同様に、インド的な官能性を秘めながら、唐代の様式をもつ豊満さを感じさせられる。金堂草創時の仏像であった可能性が高い。

現在の金堂には、昭和初年に高村光雲仏師とその弟子により秘仏の本尊が改めて刻まれ、その両側には、焼失前と同様に、脇仏の六尊が写真をもとに奈良の仏師らによって復元されている。

諸尊仏龕

諸尊仏龕《しょそんぶつがん》（金剛峯寺） 国宝

単独の仏像ではないが、仏、菩薩、明王の諸像を白檀の木に彫り、如来の浄土説法の図を半浮彫し、立体化した仏龕が現存する。まぎれもなく大師の請来品で、念持仏として常に拝まれ、大師の身辺の護持に使用されたものであろう。

このほか高野山内の普門院《ふもんいん》蔵の木造釈迦如来および諸尊像（箱仏《はこぼとけ》）、金剛峯寺蔵の板彫胎蔵曼荼羅《いたほりたいぞうまんだら》が、いずれも唐代の彫刻の様式を保持していて、その繊細な技法に魅せられる。いずれも重文。

大日如来坐像（西塔）　重文

伽藍の西塔には、金剛界の五仏が祀られているが、中尊の大日如来坐像（本章扉写真）は檜材の一木造りで、量感あふれる威容を具え、仁和三（八八七）年に西塔が創建された当初の仏像とみられる。現存する高野山の仏像の中では最も古い。

他の四仏は江戸時代の後補。大日如来は大阪・観心寺の如意輪観音《にょいりんかんのん》菩薩坐像や、京都・神護寺《じんごじ》（高雄山寺）の五大虚空蔵《ごだいこくうぞう》菩薩坐像とともに大師の直弟子によって造像された可能性が高い。この大日如来像と対峙していると、全宇宙に覆いかぶされ包み込まれる、底知れぬ法界の威力が身体全体を揺さぶる。

不動明王坐像（正智院）　重文

不動明王坐像は、両眼をカッと見開き、上側の両歯で下唇を噛み、正面を見据え、赤みの残る筋肉の盛り上がる胸と腹のもつ重量感、世の中に籠り溜まった怒りの矛先が、生身の肌に直接突き刺さってくる。制作年代は、九世紀中ごろとみられる。

浪切不動明王《なみきりふどうみょうおう》（南院）　重文

磐坐《いわざ》に立つ一木造りの立像で頭を右下に傾け、右目を見開き、左目を軽く閉じ、両牙を顕《あらわ》にした忿怒像である。比較的幅広い顔立ちと上半身の量感から、激怒よりも衆生済度《さいど》の悲しみを込めた怒りを感じる。唐代の像容をもつところに請来像《しょうらいぞう》（弘法大師が唐から持ちかえった）の可能性を残している。弘法大師が帰朝の際に、嵐に会い、この不動尊に祈ったところ、荒波を切り開かれ、大師は無事に帰朝した、という寺伝が残される。

はじめ京都・神護寺にあり、平将門の乱の時に、熱田神宮に遷座され、後に高野山の山王院に移され、十一世紀ころ南院に安置され、本尊となった。元寇の役の際には、博多に迎えられ、降伏の祈願がなされたという霊験《れいけん》をもつ。

大日・釈迦・阿弥陀の三仏
（谷ヶ峰　旧大日堂）　重文

藤原忠実《ただざね》によって久安四（一一四八）年に、谷ヶ峰に建立された金剛心院内の大日堂に安置され、明治の大火後、大会堂に移され、現在は霊宝館に収蔵されている。もともと金剛界五仏としてセットになっていて、阿閦、宝生の両如来がいずれかの時期に失われた可能性も考えられる。

中尊の大日如来の温容な顔立ちと曼荼羅から抜け出してきたような端正な構えは、前に坐す人におのずからなる安らぎを与える王者の風格を感じさせる。十二世紀の作とされる。

脇侍とされる施無畏印《せむいいん》の釈迦如来と定印《じょういん》を結ぶ阿弥陀如来の坐像は、いずれも穏やかな像容を示し、親しみやすい。当時の造仏の一般的な傾向である定朝様式《じょうちょうようしき》を範としている。

大日・釈迦・阿弥陀の三仏

浄土教信仰の隆盛

平安中期以降、都を風靡《ふうび》した浄土教の信仰は、高野山にもおよび、山内に阿弥陀念仏の声が満ち溢れた。この時代に阿弥陀堂の建立、阿弥陀如来像の造像などが相次いでいる。その中で主なものを挙げて、阿弥陀信仰の一端に触れてみよう。

寛治元(一〇八七)年、北谷《きただに》に阿弥陀堂が建立され、阿弥陀如来坐像が造像されている。大治五(一一三〇)年、聖恵親王《しょうえしんのう》が谷ヶ峰の金剛心院内に引摂院《いんじょういん》を建立し、阿弥陀如来像を安置した。

さらに仁平元(一一五一)年、鳥羽上皇の御願所として東別所に、三間四面の堂が建てられ、丈六の金色の阿弥陀坐像が祀られた。この阿弥陀如来は現存し、地蔵院の所管となり、現在、霊宝館に展示されている。寄木の漆箔像で、この時代の像としては定朝《じょうちょう》様式にとらわれない新しさを見せる。

念仏行者の集団は高野山内の各所に別所を構え、平安から鎌倉時代にかけて、阿弥陀信仰は隆盛を極めた。鎌倉時代の高野山の念仏信仰には、東大寺の大仏再建に尽力した俊乗房重源《しゅんじょうぼうちょうげん》の存在を忘れることができない。重源に従って念仏に精励した仏師、快慶《かいけい》の作品が高野山に数多く残されているのも、師の重源との結びつきと考えられている。

阿弥陀如来立像(遍照光院) 重文

遍照光院の阿弥陀如来立像は、八一・五センチの小像であるが、もとの蓮華三昧院に祀られていた。墨書《ぼくしょ》「巧匠アン(梵字)阿弥陀仏」(快慶の銘)の記載により、快慶の真作とみなされる。穏やかな顔容の中に、知的な雰囲気とやさしさを漂わす阿弥陀如来である。

阿弥陀三尊立像(光台院) 重文

阿弥陀三尊立像は、承久三(一二二一)年に御《お》室道助《むろどうじょ》法親王が創設した高野御室光台院に、秘仏として伝えられてきた。阿弥陀如来は七九・五センチの高さで、やや前かがみに膝を屈した脇侍の観音、勢至《せいし》両菩薩とともに、荘厳な雰囲気の中に人々を浄土に導き、救済しようとする誓願の重さを感じさせられる。快慶の円熟期の作とされる。

阿弥陀三尊立像（五坊寂静院）　重文

　五坊寂静院の阿弥陀三尊立像は、本尊は八一・八センチ、観音菩薩は七五・七センチ、勢至菩薩は六四・五センチで、全体的に黒っぽく古い感じである。源頼朝の三男で、行勝上人を慕い入山した貞暁《じょうぎょう》が住んだ寺に安置されていた像で、寺伝では運慶作と伝えられてきたが、その表

阿弥陀三尊立像（光台院蔵）

現から見て、快慶に近いとされる。現在は霊宝館で展示している。

孔雀明王像

孔雀明王像《くじゃくみょうおうぞう》（伽藍孔雀堂）　重文

後鳥羽上皇の御願によって、正治二（一二〇〇）年に落慶した孔雀堂に祀られていた像で、たびたびの火災にも搬出されて現存する最古の孔雀明王像である。現在は霊宝館に収蔵されている。

漆裏の墨漆地に朱書きされた「巧匠アン（梵字）阿弥陀仏快慶」との記述により、快慶作と認められる。四臂《しひ》で孔雀に乗る。ただし持物、孔雀座、孔雀の羽根は後補。孔雀は蛇を食うため、インドでは蛇毒を取り除く尊として信仰され、日本では災難除けの仏として崇められた。

古代インドの民族宗教では、孔雀呪《くじゃくじゅ》が数多く存在し、身辺の安寧《あんねい》の祈願にどれほど庶民が留意していたかがわかる。その土俗の信仰を明王として迎えて取り込み、これほど優雅な容姿の仏と化した日本の仏師・快慶の信仰の深さに触れる思いがする。現在の伽藍の孔雀堂の本尊は、昭和の新作である。

四天王立像（金剛峯寺）　重文

快慶とその一派の仏師によって造像された。いずれも忿怒の姿をとるが、体のもつ力感よりも華やかさが印象に残る。持国天《じこくてん》と増長天《ぞうちょうてん》の怒りは外にあらわれ、広目天《こうもくてん》と多聞天《たもんてん》の怒りは内面にこもる。鎧《よろい》の飾り、裳《も》裾《すそ》の流れ、冠など洗練されていて、きらびやかな忿怒像という印象を受ける。

八大童子立像《はちだいどうじりゅうぞう》（金剛峯寺）　国宝

十二世紀末、行勝《ぎょうしょう》上人によって建立された不動堂に安置された像と考えられる（カラー口絵）。本尊の不動明王坐像は行勝上人がみずから刻んだ平安後期の作と見なされている。八大童子のうち六体は建立時の像で、運慶の作。二体は後補。

八大童子が一堂に開示されることは稀であるが、これらの童子に囲まれた空間に入ったときには、不思議な充実感に襲われる。きわめて写実的な童子の像容を取りながら、忿怒尊の威厳もそこはかとなく感じられ、それでいて理知的で、思索にふけりながら人生の難題について、見るものにふと問いかけてくる青年という感じである。

2 絵　画

高野山に現存する絵画の中に、弘法大師の請来品は存在しない。とはいえ世界的に注目される価値をもつ絵画が数多く残されている。それらの中には高野山で制作されたものではなく、何らかの縁によって施入《せにゅう》されたものが少なくないとみられている。

仏《ぶつ》涅槃図（金剛峯寺）　国宝

釈迦《しゃか》の涅《ね》槃図《はんず》は数多く描かれている。それらの中でも最も古く、日本絵画史の上で最もすぐれた作品との評価の高い涅槃図は、金剛峯寺蔵の涅槃図である（七〇ページ）。応徳三（一〇八六）年奉写、と記されているところから一般に応徳涅槃図とも呼ばれる。当代屈指の仏画絵師の作であるに違いない。藤原基光《もとみつ》筆の可能性もある。

縦二六七・六センチ、横二七一・二センチの絹地の画面いっぱいに釈迦が涅槃に入る情景が広がる。涅槃に赴く釈迦のたたずまいが穏やかで、それを取り巻く諸弟子やもろもろの動物の悲しみをたたえた表情が控えめで、全体に静寂な涅槃の情景が横溢《おういつ》しながら、色彩は鮮やかで、それだけに釈迦の臨終の荘厳さが、見る者の心に響きかけてくる。

毎年二月十四日夜から十五日にかけて、金剛峯寺の大広間で修せられる常楽会《じょうらくえ》のときに正面に掲げられ、四座講式《しざこうしき》という釈迦の生涯をたたえ、その涅槃を悼む物語が、独特の声明の荘重な音律とともに唱えられる。

阿弥陀聖衆来迎図《あみだしょうじゅうらいごうず》（有志八幡講十八ヵ院）　国宝

金色に輝く雲に坐す阿弥陀如来が、飛雲に乗った二十五人の菩薩衆とともに来迎するありさまを画く（カラー口絵）。もとは九幅の絹をつないだ一幅仕立てであったが、いつの時代か、現形の三幅に改められた。三幅ともに縦二一〇センチ、横は中幅が二一〇センチ、左右の幅がいずれも一〇五・二センチ。

中央に截金《きりかね》模様の着衣をつけて坐す金色の大きな阿弥陀如来の両脇に、諸菩薩よりやや大きめの地蔵と竜樹《りゅうじゅ》の二菩薩、如来の足下の両脇に観音と勢至の二菩薩が侍す。その周囲に配された二十人の菩薩がさまざまな楽器を奏しつつ、この世に来迎するスケールの大きい構図は浄土の圧倒的な迫力をもって人々に迫る。浄土信仰の最も盛んな十二世紀末の作と見てよい。比叡山の旧蔵で、いつのころか高野山に移されたとされる。現在、霊宝館蔵。

五大力吼図《ごだいりきくず》（有志八幡講十八ヵ院）国宝

五大力吼図は、高野山で現存する最も古い画像で、『旧訳仁王経《くやくにんのうきょう》』に基づく。絹本着色。五大力吼とは、金剛吼《こんごうく》、竜王吼《りゅうおうく》、無畏十力吼《むいじゅうりきく》、雷電吼《らいでんく》、無量力吼《むりょうりきく》の菩薩の総称である。菩薩の名称が付せられているが、忿怒形をしているので明王部に入れてもよい。五大力吼のうち後の二吼菩薩は明治二十一（一八八八）年の大火で焼失した。

五大力吼図の中の金剛吼（有志八幡講十八ヵ院蔵）

中尊の金剛吼は蓮華座に坐し、輪宝《りんぽう》を持ち、三眼で口を大きく開いて牙を上に露出し、火炎を背負う端正な忿怒形。竜王吼と無畏十力吼は三眼で忿怒形であるが、口は半ば開きやや左下をみて、右足を蹴上げる姿勢をとる。いずれも右手を高く上げるが、前者は輪宝を、後者は独《とっ》鈷杵《こしょ》をもつ。立像であるだけに、いずれも躍動感にあふれる。

平安中期の作とみられるが、中尊よりも二尊の制作年代が遅れるとの説もある。安土桃山期に東寺より移されたとされる。

五大力吼を一幅にまとめた形の絹本着色像が、北室院《きたむろいん》に伝えられている。鎌倉時代の写本とされる。また五大力吼をそれぞれ別個に五幅にわけて画いた白描画《はくびょうが》が普賢院《ふげんいん》に所蔵されている。紙背の銘文により、建久八(一一九七)年に宅間派《たくまは》の絵師、豊前五郎為広《ぶぜんごろうためひろ》の作。いずれも重文。

赤不動明王《あかふどうみょうおう》(明王院)　重文

明王院の赤不動明王は、園城寺《おんじょうじ》の黄不動、青蓮院《しょうれんいん》の青不動とならび、日本の三不動のうちの一体の画像。そのうち黄不動は行者が修法の中で観得した像で、幾種類かの儀軌《ぎき》を総合した形をとり、青不動は儀軌に忠実に描かれている。それに対して、赤不動は画家の創意も加味しているところに特長がある。

磐座に坐し、右手にもつ倶利伽羅龍剣《くりからりゅうけん》の先端を凝視し、左手前方に二童子を並べ従える特殊

赤不動明王（明王院蔵）

な構図をとることにより、忿怒の形相を際だたせている。制作年代については、平安中期から鎌倉時代までの諸説がある。この画幅《がふく》もいつの時期か高野山に移された。

伝船中湧現観音《でんせんちゅうゆうげんかんのん》
（龍光院）国宝

弘法大師が入唐時に暴風雨の中に出現した観音像を帰国後に画いたという伝説により、この名がある。黄色地に截金模様で覆われた全体像は、暗夜に突如として出現した救世主という雰囲気を持つ。

台密（天台密教）系の画像が高野山に移された。平安末の作とされる。

善女竜王《ぜんにょりゅうおう》（金剛峯寺）　国宝

弘法大師が神泉苑《しんぜんえん》で雨乞いの祈願をした時に現れた竜王を画いたとの言い伝えがある。久安元（一一四五）年十月に開眼供養したとの記録があり、付属の貼り紙に「帥上座定智筆《すいじょうざじょうちひつ》」と記されているところから、当時有名な絵仏師であった定智《じょうち》の筆とみてよい。

湧き上がる雲に乗り、ゆったりとした袍服《ほうふく》をまとった貴人の風格ある姿を取り、足許に龍尾をわずかにのぞかせて、龍王であることを示している。

阿弥陀三尊《あみださんぞん》（蓮華三昧院）　国宝

念仏行者で、蓮華三昧院の開基である明遍《みょうへん》が、師の法然から譲られたとの伝承がある。暗い背景の中に、正面を向く阿弥陀如来とその左右に、中尊に向かってわずかに身を傾ける観音、勢至の二菩薩が金色に輝く。足許に雲が画かれているが、天蓋《てんがい》をかけ、手前に宝座《ほうざ》、宝池《ほうち》などが画かれているところから、来迎図《らいごうず》というより、三尊のいます浄土図《じょうどず》とみられる。

＊＊＊

高野山には、諸仏、諸菩薩を主題とする仏画のすぐれた作も多いが、人物像に関しても注目すべき画像が少なくない。

勤操僧正《ごんぞうそうじょう》（普門院）国宝

勤操僧正は三論宗《さんろんしゅう》の碩学《せきがく》で、弘法大師に虚空蔵求聞持法《こくうぞうぐもんじほう》を授けたとの伝承がある。この画像の上部に、弘法大師作の讃文が記されている。黒漆の牀座《しょうざ》に坐し、口を開いて対論する姿は、まさに獅子吼する学僧という風貌である。永正九（一五一二）年に大和国の天河《てんかわ》の求聞持堂に寄進されたが、その後に高野山に移された。

恵果阿闍梨（西生院）重文

恵果阿闍梨は唐の都、長安の青竜寺の東塔院を薫《くん》じ、弘法大師に両部の大法を伝授した真言密教の第七祖である。恵果像は弘法大師請来の唐の李真《りしん》筆の真言の五人の祖師像が、東寺に蔵されているが、それに基づき、鎌倉時代に画かれた（一〇六ページの絵）。

童子を伴う構図は恵果像の特色である。

狩場明神《かりばみょうじん》・丹生明神《にうみょうじん》（金剛峯寺）　重文

弘法大師を高野山に案内したという伝説をもつ、狩人姿で犬を伴う狩場明神と、宮廷官女の装束をした丹生明神が一幅対になる画像。伽藍の明神社に祀られ、高野山の地主の神と崇められる。両軸の上部の月輪に画かれたアク字とヴァン字（梵字）は、胎蔵と金剛界それぞれの種子《しゅじ》（一字真言）で、両明神を胎蔵と金剛界の両部に配し、神仏の一体性を象徴的に示す。

弘法大師・丹生高野両明神（金剛峯寺）　重文

心王院の快尊《かいそん》が明神の霊夢を受けて、高野山麓の天野《あまの》社《しゃ》（丹生都比売神社）で、正応四（一二九一）年に始めた問答講の本尊として使用されたため、問答講本尊《もんどうこうほんぞん》とも呼ばれる（カラー口絵）。

中央に真如親王様《よう》の弘法大師像を置き、その下方左右に截金《きりかね》の地模様の上に、唐風の装束をした丹生明神と、束帯《そくたい》姿の高野明神を配し、三尊形式をとっている。その上部には奥之院の御廟周辺を、下部には天野社の社景を画く。このように上下に霊地の風景を画くのは鎌倉時代の垂迹画《すいじゃくが》に見られるが、本図はそれらの中では古い作例である。

＊＊＊

近世になると武将の肖像画が、それぞれの菩提寺に収められ、保管されてきた。なかでも有名なものとしては、長谷川信春筆になる武田信玄像（成慶院《せいけいいん》）、浅井久政、浅井長政、長政夫人・お市の方を画いた三幅の画像（持明院《じみょういん》）などがある。

そのほか、江戸時代の池大雅《いけのたいが》筆になる山水人物図十面のうち山亭雅会図《さんていがかいず》四面（遍照光院）の屏風絵が国宝に指定されている。

これらの画像以外に、障壁画として、金剛峯寺をはじめ、いくつかの塔頭寺院に、著名な作者のものが残されているが、これらについては紙幅の関係で割愛する。

3　曼荼羅

両部曼荼羅《りょうぶまんだら》（金剛峯寺）　重文

弘法大師請来になる両部曼荼羅の彩色本は、東寺蔵の江戸時代に模写された元禄本が有名であるが、現存する彩色本の両部曼荼羅の中では、金剛峯寺蔵の曼荼羅が最も古い。

この曼荼羅は血《ち》曼荼羅の異名をもつことで有名である。胎蔵曼荼羅の大日如来の宝冠に、平清盛がみずからの頭の血を抜き取って画いたという伝説がこの曼荼羅に付随する。十二世紀の模写本とされる。

金堂の両脇の壇に掲げられていたため、香煙による染みと損傷が著しく、細部にわたる尊形を判別するに困難があるため、最近になって複製本が作成された。

両部曼荼羅以外に、一字金輪曼荼羅《いちじきんりんまんだら》（遍照光院）、尊勝曼荼羅《そんしょうまんだら》（宝寿院）など、密教儀軌に基づいて、鎌倉時代に製作された曼荼羅が現存する。いずれも重文。

4　書　跡

聾瞽指帰《ろうこしいき》　二巻（金剛峯寺）　国宝

弘法大師が延暦十六（七九七）年、二十四歳の時に著作した処女作の自筆本とされるのが『聾瞽指帰』である（一〇二ページ）。これを後にみずから改定した『三教指帰《さんごうしいき》』は後世にたびたび筆写され、また刊行されているが、この本は古来、秘伝未公開であったため写本はない。

『聾瞽指帰』には、王羲之《おうぎし》の雄勁《ゆうけい》な書風もうかがえるが、青年の覇気に満ちた筆跡が顕著で

両部曼荼羅(胎蔵界)

両部曼荼羅(金剛界)

ある。この書は京都・嵯峨の大覚寺の寛尊法親王《かんそんほうしんのう》の所持本であったが、西芳寺、仁和寺と転じ、天文五(一五三六)年に高野山に奉納された。

崔子玉座右銘断簡《さいしぎょく》(宝亀院) 重文

これは弘法大師の筆と伝えられる。中国の後漢時代の崔瑗《さいえん》の座右の銘のうち五言二十句を書写したもの。もとは横巻に、縦に二字ずつ五十行に書写された巻子であったが、高野山に残るのは裁断された一部である。書風は奔放な行草体で、筆力、筆勢ともにすぐれ、円熟した手法が感じられる。

「人の短を道《い》う無《な》かれ、己の長を説く無かれ」と書かれた宝亀院本は、崔子玉の座右の銘の最初の二句であるが、崔子玉の座右の銘は正倉院文書紙背落書きにも記されているほど、日本でも古くから有名であった。ただこのような仏教と無関係の処世訓を、大師がどのような意図で書かれたかは定かではない。

大和州益田池《やまとのくにますだいけ》碑銘序を併《あわ》せたり 一巻(釈迦文院) 重文

天長二(八二五)年に大和の国の益田池が四年の歳月をかけて完成し、それを記念する碑銘の製作を依頼された大師は、さまざまな書体をもって揮毫《きごう》したが、原本は失われ、平安中期に臨模《りんも》した写本が残されている(カラー口絵)。これが大和州益田池碑銘である。

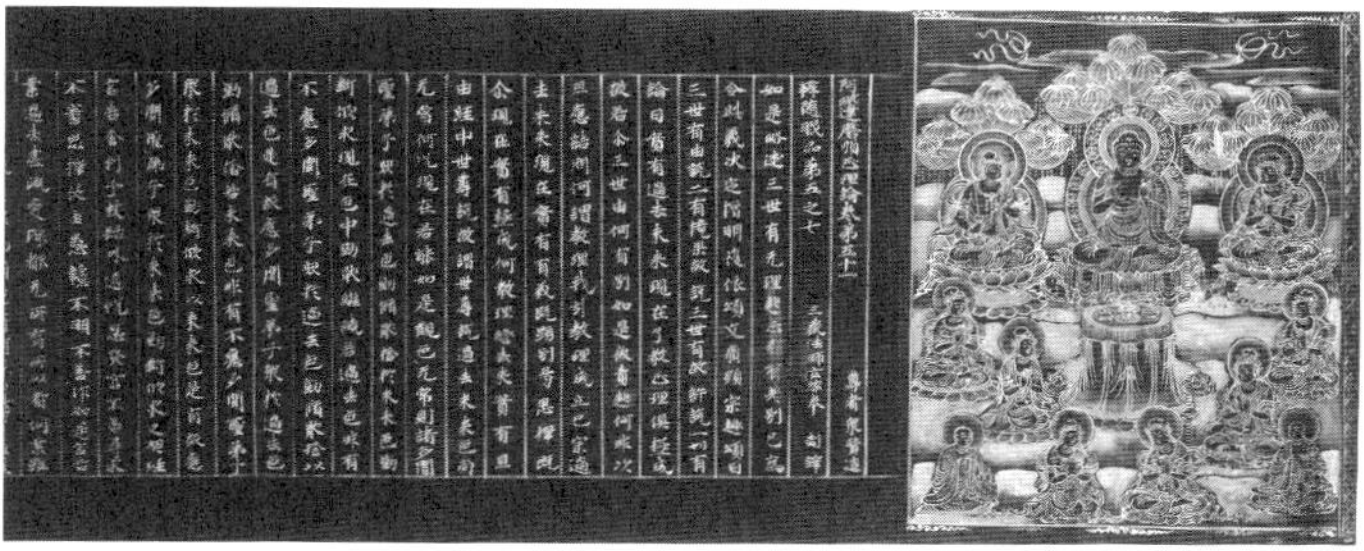

中尊寺経

全体としては草書を主としているが、多くは南朝以来流行した、篆書《てんしょ》、隷書《れいしょ》、行書、草書を交えた雑体を用いている。自然現象の日月星辰《にちげつせいしん》、山川草木、鳥獣虫魚などの形態を、文字の中に組み込み、墨書のみならず、彩色の書も含み、各所に具象の文字が躍動する珍しい書である。森羅万象、動植物すべての存在に、永遠のいのちが宿ると説く大師の特色ある思想が、その中に込められているとみてよいであろう。

5　経典・文書

経典・文書類も高野山には貴重なものが数多く残っているが、今後の調査によってさらに発見される可能性も秘めている。

現存する経典・文書の中で、国宝に指定されているものを挙げれば、いわゆる『中尊寺経《ちゅうそんじきょう》』といわれている『紺紙《こんし》金銀字《きんぎんじ》華厳経《けごんきょう》巻第十』一巻、『紺紙金銀字一切経《いっさいきょう》』五巻、いずれも平安時代写、金剛峯寺蔵。奈良時代写になる『紫紙《しし》金字《きんじ》金光明最勝王経《こんこうみょうさいしょうおうきょう》』二巻、『大字法華経《ほけきょう》(明算白点本《めいざんはくてんぼん》)』、平安初期写の『細字金光明最勝王経』二巻、いずれも龍光院蔵。奈良時代写になる『不空羂索神変真言経《ふくうけんざくじんぺんしんごんきょう》』二巻、三宝院蔵、などがある。

また中国の唐代に許敬宗《きょけいそう》が編纂した詩文集である『文館詞林《ぶんかんしりん》』は漢代から唐初に至る詩文が項目ごとに収録されており、一千巻の大部のものであったが、中国では十世紀ごろに散逸してしまった。

それが日本において弘仁十四(八二三)年に内裏において書写され、そのうち一部が高野山の正智院と宝寿院に現存しており貴重である。国宝に指定されている。

そのほか貝葉《ばいよう》の形式で、唐代に紙本に書写された梵字の『大般涅槃経《だいはつねはんきょう》』断簡一巻(宝寿院)、平安時代写で通常『荒川経《あらかわきょう》』といわれる『紺紙金字一切経』(金剛峯寺)など、いずれも重文である。それぞれ特徴があり、名を知られている。

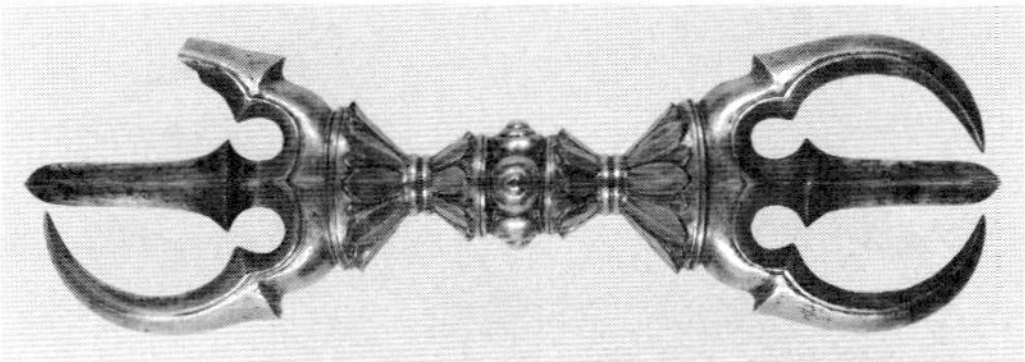

飛行三鈷杵

6 法具

真言密教において修法する際に用いる法具は多種多様である。このような法具が高野山の金剛峯寺を始め、塔頭寺院に数多く存在し、なかには唐時代に製作された請来品も伝えられている。独鈷杵《とっこしょ》、三鈷杵《さんこしょ》、金剛鈴《こんごうれい》、金剛盤《こんごうばん》、馨《けい》、華瓶《けびょう》、香炉《こうろ》、輪宝《りんぽう》、念珠および念珠箱、鐃鉢《にょうはち》など現在知られている法具類のうち、重文に指定されているものが十数点にものぼる。

高野山に伝えられてきた法具のうち、飛行三鈷杵《ひぎょうさんこしょ》(重文)として知られる三鈷杵は、大師が唐の国の海岸で投擲し、高野山の御影堂前の松の木に掛かり、密教宣布の霊場であることを予言したという伝説で有名である(第一章参照)。

法具の中でも、弘法大師の住坊といわれる、中院・龍光院に伝えられてきた秘密儀軌灌頂法具《ひみつぎきかんじょうほうぐ》は長い間門外不出で秘蔵せられていたため、

三鈷杵

独鈷杵

三鈷鈴

重文に指定されていない。中院流の灌頂儀礼の際に用いる伝統的な法具の種々相を知るためには、貴重な資料である。

7　建　築

高野山は高地にあるため落雷の被害に会うことも多く、また失火などにより、堂塔、寺院が、長い歴史の中で多くが焼失し、古い建築物は意外に少ない。現存する最古の建造物とされる伽藍の不動堂と金剛三昧院の多宝塔は、幸いなことに高野山の中心部から離れた地に建てられていたため、類焼の難を逃れたといえる。

不動堂(伽藍)　国宝

不動堂は、鳥羽上皇の皇女八条女院の発願により、建久九(一一九八)年に、行勝《ぎょうしょう》上人が一心院谷《いっしんいんだに》に建立し、明治四十一(一九〇八)年に伽藍の現在地に移転した。貴族の建造物風の瀟洒な堂は、四方の屋根がそれぞれ異なった形をして、優雅な傾斜をもつ。

最近の調査では、内部の構造からみて阿弥陀堂として建てられたのではないかともいわれる

（四三ページの写真）。

多宝塔（金剛三昧院）　国宝

北条政子が貞応二（一二二三）年に多宝塔を建立した（一五一ページ写真）。内部に金剛界の五仏を祀る。古杉に囲まれ、三間四面の風格を備えた多宝塔は、周辺に咲く樹齢四百年の石楠花《しゃくなげ》の豪華な群生と見事に調和し、幽玄の美を醸し出している。

あとがき

高野山は来年、弘法大師・空海が開創して千二百歳の節年を迎える。この山で生まれ、育ったわたしの身体には、その歴史の重みと薫りが知らないうちに浸みわたっているようだ。

高野山に関して今まで新聞や雑誌にいくつかの断片的なコラムや解説記事を書いてきてはいるが、一書にまとめてその全体像を画くとなると、生活体験を含めて総合的な知識が必要となる。本書の執筆要請によって、今まで知っているようで本当は知らなかった高野山のいろいろな側面を改めて見直し、調べてみる機会が与えられた。

二十世紀は科学技術が驚異的な進展を見せ、日常生活に格段の利便性と効率性がもたらされた。ところがその反面、われわれの周辺では自然破壊がとめどもなく進み、また人間そのものの内面的な生活に、いままで経験したことのない不協和音が充満し、それらに原因をもつ異常な社会現象が日々報じられている。

自然と人間の間に近代科学が介在し、自然のもつ絶大な威力を緩和し、あるいはそれがもたらす凶暴性を削ぐことによって、物質的にはきわめて恵まれた現代文明を享受することが可能となった。その結果、現代社会に少なからぬ欠陥が現出し始めたとはいえ、それを全面的に否認することは、今となっては現実的ではない。現代文明の生み出すメリットとデメリット、それをいかに調和させつつ持続させていくか、それは現代社会に課せられた、緊急にして不可避の課題であるといえよう。

弘法大師・空海の生涯はこういった現代社会が直面する問題に、ある種の回答を示唆している。大師は唐の都の長安において、インド以来の正当な密教の法灯の伝授を受けて、それを日本に初めてもたらした。この伝統ある密教を日本に末永く根づかせるためには、当時の天皇を頂点とする律令国家にさまざまな形で接触し、それとの親近関係を保ちつつ社会的な認知をえることが必要であった。都における目覚しい大師の教化活動と、それに付随する積極的な政治姿勢が、それを端的に物語っている。

一方、大師は自然と一体化する生活に没入することによって、日常性からの脱却を図った。高野山の開創はまさにこのような目的にかなう事業であったといえよう。社会的な使命を十二分に果たしながら、大自然の営みと同化する試みを忘れない。社会性と非社会性を一人の人格の中で見事に融合させた大師の生涯は、複雑な問題を抱えた社会を生きる現代人に、今なお理想的な生活規範の一端を示しているとみてよい。

祖師の意図を継承して、高野山の千二百年に及ぶ歴史は、大自然が本来的に具有する包容性を如実に示し、社会的な弱者や戦乱の敗者の受け皿としての役目を果たしてきたことは間違いない。その精神は現代人の傷ついた心をいやす、休息の場ともなって継承されてきている。

いま改めて高野山の歴史や文化から発信されてくる声なき声に耳を傾け、みずからの生き方にも反映させてみようと、本書の筆をとった。その意図を少しでも汲み取っていただけるか否かは、お読みくださる方々の賢明な判断にゆだねるほかはない。

本書の上梓も、ほぼ四半世紀前に世に出し、いまも毎年のように増刷を続けている岩波新書『密教』でお世話になった坂本純子さんの慫慂による。改めて感謝の意を表したい。

平成二十六年八月二十六日

松長有慶　記

高野山関連 略年表

西暦	年号	事項
七七四	宝亀 五	弘法大師・空海誕生
七九一	延暦 十	大学入学。一沙門から虚空蔵求聞持の法を授かり山岳修行に励む
七九七	十六	空海『三教指帰』の原本『聾瞽指帰』脱稿
八〇四	二十三	空海、入唐。長安に至る
八〇五	二十四	空海、青龍寺の恵果阿闍梨から金胎両部の伝法灌頂を受法
八〇六	大同 元	空海、帰国
八一二	弘仁 三	空海、高雄山寺で、最澄らに灌頂を授法
八一六	七	高野山を開創する勅許を得る
八一七	八	弟子の実恵らを高野山に派遣し実地検分させる
八一八	九	空海、勅許後初めて高野山に登り、修禅の道場の建立に着手
八一九	十	壇上を結界する啓白文、鐘の造立のための知識文
八二一	十二	空海、讃岐の万農池を修築
八二三	十四	東寺を給預される
八二八	天長 五	一般人にも開かれた学校・綜芸種智院を開設
八三一	八	空海、病にかかって大僧都の辞任を申し出るも不許可

八三二	九	高野山で萬燈萬花會を修す
八三四	承和　元	高野山に仏塔二基を建立するための知識文(『勧進書』) 宮中の真言院における正月の御修法の奏状 真然、高野山の後事を託せられる
八三五	二	真言宗に三名の年分度者を割り当てる勅許を得る 高野山金剛峯寺、定額寺として認可される 空海、高野山において三月二十一日入定
八三六	三	金剛峯寺に俗別当を置き、紀伊の国司をこれにあてる
八五三	仁寿　三	真言宗の年分度者に三人を加え、東寺において課試し、新旧の三名それぞれ神護寺と金剛峯寺において得度させる
八六一	貞観　三	大塔修理料として紀伊国正税稲四千九百束、下賜
八七六	十八	紀伊国四郡の水陸田三十八町歩、高野山の寺田とし租税免除
八八七	仁和　三	多宝塔(西塔)と真言堂、完成
八八九	五	真然、金剛峯寺に座主職を置き、寿長を補任
八九一	寛平　三	真然、入寂
九一六	延喜十六	座主・無空『三十帖策子』の返還を拒み、弟子らとともに離山
九一九	十九	東寺長者・観賢、金剛峯寺座主を兼務し、『三十帖策子』を回収す
九二一	二十一	空海に弘法大師の諡号、下賜

九五二	天暦六	奥之院の御廟、雷火により焼失
九五七	天徳元	奥之院御廟、復興。その傍に丹生社を勧請
九九四	正暦五	落雷により伽藍の大塔、金堂、真言堂、僧坊など全焼
		雅真ら天野に避難し、山上は荒廃
一〇一六	長和五	祈親上人・定誉、高野山に登り、復興に尽力
一〇二三	治安三	藤原道長、登山参詣。以後、貴紳の参詣が相次ぎ高野山興隆
一〇四〇	長久元	明算、中院を再興。中院流という高野山独自の法流を創立
一〇四八	永承三	藤原頼通、参詣
一〇八六	応徳三	金剛峯寺蔵、釈迦涅槃図完成
一〇八八	寛治二	白河上皇の御幸。その後も二度登山、大塔復興に尽力
一一〇三	康和五	大塔、落慶
一一一三	天永四	比丘尼法楽、経筒を奥之院の御廟前に埋経
一一二四	天治元	鳥羽上皇の御幸、伽藍西塔の再興宣旨
一一二七	大治二	白河・鳥羽両上皇御幸、東西両塔の落慶に参列
一一三〇	五	覚鑁、小伝法院開設
一一三二	長承元	大伝法院、密厳堂の落慶法要に、鳥羽上皇参列
一一四〇	保延六	覚鑁、高野山を退き、根来に入る
一一四三	康治二	覚鑁、根来寺で示寂

一一四四	天養　二	藤原忠実、高野山参詣
一一四九	久安　五	大塔に落雷。御影堂を除く伽藍諸堂焼失
一一五〇	六	金堂、落慶
一一五六	保元　元	大塔、落慶
一一五九	平治　元	美福門院、六角経蔵落慶。金泥一切経を奉納。荒川荘を寄進
一一六〇	永暦　元	美福門院の遺命により高野山に納骨
一一六九	嘉応　元	後白河上皇、御幸
一一七五	安元　元	五辻斎院、東別所に長日不断の談義所として蓮華乗院を建立
一一九八	建久　九	行勝、一心院谷に不動堂建立。本尊と運慶作八大童子立像を安置
一二〇〇	正治　二	孔雀堂、落慶。快慶作本尊を安置
一二一一	建暦　元	源頼朝の未亡人・政子、源氏三代の菩提のため禅定院建立
一二二一	承久　三	道助法親王、光台院を創建。快慶作阿弥陀三尊立像を安置
一二五三	建長　五	快賢『三教指帰』を開版。以後、出版事業が続く
一二八五	弘安　八	高野町石道に百八十本の石塔完成
一三七一	建徳　二	貴族・武士、相次いで高野山の塔頭寺院と宿坊・寺檀関係を結ぶ
一四〇七	応永十四	山王院において、竪精の論議始行
一五二一	永正十八	大火により伽藍、塔頭寺院の大半焼失
一五八一	天正　九	織田信長、高野聖千三百人余をとらえ、惨殺。高野攻め開始

一五八五	天正十三	豊臣秀吉の降伏勧告に対し、木食上人・応其を派遣して和議
一五九〇	十八	応其の尽力により客僧坊・興山寺落慶
一五九三	文禄二	秀吉、母公の菩提のため剃髪寺(後の青巌寺)建立
一五九九	慶長四	島津義弘、朝鮮役敵味方碑を奥之院に建立
一六三〇	寛永七	大塔に落雷。伽藍の堂塔の大半と山内寺院の多くが類焼
一六九二	元禄五	行人の山外追放。行人寺九百二ヵ寺の取り潰し
一八四三	天保十四	大塔、落雷により伽藍諸堂類焼
一八六九	明治二	青巌寺を金剛峯寺と改め、学侶、行人、聖の三派解体
一八七一	四	上地令により、寺領二万一千三百石を没収される
一八七二	五	太政官付告により、女人禁制解除
一八七三	六	寺有山林四千町歩、没収の上地令
一八八六	十九	古義大学林開校、尋常中学林併設
一八八八	二十一	大火により山内寺院の大半が焼失。以後寺院の統合整理が進む
一八八九	二十二	町村制施行、高野村誕生。初代村長赴任。金剛峯寺の自治終焉
一九〇七	四十	私立高野山小学校開設
一九一三	大正二	宝性院と無量寿院が合併し、旧無量寿院を宝寿院と改称
一九二一	大正十	霊宝館完成
一九二二	十一	高野山修道院(現在の高野山専修学院の前身)が宝寿院境内に開設

一九二六	十五	単科大学令により高野山大学が大学として正式認可。現在地に移転
	昭和　元	金堂より出火。六角経蔵、孔雀堂など焼失
一九三〇	五	高野山までケーブルカー開通。前年に極楽橋駅まで電車開通
一九三四	九	弘法大師入定千百年御遠忌大法会。金堂、落慶
一九三六	十一	高野町立高野山高等家政女学校開校。六年後に新制中学に併合
一九三七	十二	根本大塔、落慶
一九四七	二十二	金剛峯寺の山林計千ヘクタール余。以後、四年かけて国から寺に返還
一九五二	二十七	高野山大学に大学院修士課程認可。昭和四三年、同博士課程設置
		高野山内に南海バス乗り入れ。山内徒歩参拝の習慣徐々に崩れる
一九六〇	三十五	九度山より高野山大門に通ずる自動車道開通
一九六五	四十	高野山開創千百五十年大法会。徳川家霊台改築。霊宝館収蔵庫新築
一九八〇	五十五	伽藍の孔雀堂、再建
一九八四	五十九	弘法大師入定千百五十年御遠忌大法会。奥之院第二燈籠堂新築、
		伽藍の東塔、再建
一九九〇	平成　二	伝灯国師真然大徳千百年御遠忌大法会
二〇〇四	十六	「紀伊山地の霊場と参詣道」に含まれ、ユネスコ世界文化遺産に登録
二〇一二	二十四	京奈和道の紀北かつらぎインターより大門に至る自動車道完成
二〇一五	二十七	高野山開創千二百年大法会。伽藍中門落慶

主要参考文献

第一章　高野山を歩く

堀田真快『高野山金剛峰寺』　学生社　一九七二
日野西眞定編『ゑ入高野獨案内』（復刻版）　高野山持明院　一九八一
愛甲昇寛『高野山の戦国武将供養塔』　真言史学会　二〇〇〇
山口文章『新・高野百景』（藤原重夫画）一―三　教育評論社　二〇〇六―二〇一〇
資延敏雄『高野山金剛峯寺随想』　旭川市　金峰寺　二〇〇八
大森照龍『総本山金剛峯寺巡遊』　高野山真言宗参与会事務局　二〇一二―二〇一四

第二章　高野山の四季

水原堯栄編『金剛峯寺年中行事』首、一―四帖　高野山金剛峯寺　一九三四
日野西眞定『高野山四季の祈り――伝灯の年中行事』（矢野建彦写真）　佼成出版社　一九九五
日野西眞定『お大師様のご名代としての検校法印』　高野山遍照尊院　二〇〇二

第三章　高野山の開創

高野山大学『定本弘法大師全集』全十巻　高野山大学密教文化研究所　一九九一―一九九七
渡辺照宏・宮坂宥勝『沙門空海』　筑摩書房　一九六七
渡辺照宏・宮坂宥勝『三教指帰　性霊集』（日本古典文学大系）　岩波書店　一九六五
坂田光全『性霊集講義　第四版改訂新版』　高野山出版社　二〇〇三
高木訷元『空海　生涯とその周辺』　吉川弘文館　一九九七
高木訷元『空海と最澄の手紙』　法蔵館　一九九九
松長有慶『密教　インドから日本への伝承』（改訂版）　中公文庫　二〇〇一
松長有慶『大宇宙に生きる――空海』（改訂版）　中公文庫　二〇〇九
武内孝善『弘法大師空海の研究』　吉川弘文館　二〇〇六
武内孝善『空海伝の研究――後半世の軌跡と思想』　吉川弘文館　二〇一五
『高野山第二世　傳燈國師真然大徳傳』　総本山金剛峯寺　大徳千百年御遠忌大法会事務局　一九九〇

第四章　高野山の歴史

長谷宝秀編『弘法大師傳全集』全十巻　六大新報社　一九三四―一九三五
栂尾祥雲『日本密教学道史』　高野山大学出版部　一九四二
松長有慶『密教の歴史』　平楽寺書店　一九六九
和多秀乘「高野山の歴史と信仰」（『高野山　その歴史と文化』所収）　法蔵館　一九八三
山陰加春夫『中世高野山史の研究』　清文堂出版　一九九七

山陰加春夫『中世の高野山を歩く』　吉川弘文館　二〇一四
『高野山千百年史』　高野山金剛峰寺記念大法會事務局　一九一四
『弘法大師壱千壱百年　御遠忌紀要』　総本山金剛峯寺　一九四三
『紀伊続風土記　高野山之部』第一巻　続真言宗全書刊行会　一九六二
『金剛峯寺諸院家析負輯』　続真言宗全書刊行会　一九七八
『野山名霊集』　名著出版　一九七九
『高野春秋編年輯録』　名著普及会　一九八一

第五章　高野山の今昔

山口耕栄『高野山年表　明治大正篇』　高野山大学出版部　一九七七
山口耕栄『高野山年表　昭和篇』一・二　高野山報恩院　一九七六―一九八五
村上保壽・山陰加春夫『高野への道　いにしへ人と歩く』　高野山出版社　二〇〇一
『高野町史　近現代年表』　高野町教育委員会　二〇〇九
『高野町史　史料編』　高野町教育委員会　二〇一一
『高野町史　別巻　高野町の昔と今』　高野町教育委員会　二〇一四
『高野山大学五十年史』　高野山大学　一九三六
『高野山大学百年史』　高野山大学　一九八六
『高野山高校百年史』　高野山高校　一九八一

第六章　高野山の文化財

佐和隆研「高野山の美術と歴史」(『佐和隆研著作集』第二巻　所収）法藏館　一九九七
田村隆照「高野山の仏教美術」(『高野山　その歴史と文化』所収）法藏館　一九八三
佐和隆研・濱田隆編『密教美術大観』第一巻―第四巻　朝日新聞社　一九八三―一九八四
『空海と高野山　弘法大師入唐一二〇〇年記念』(京都国立博物館他編）二〇〇三
『高野山の国宝――壇上伽藍と奥之院』(高野山霊宝館編）二〇〇一
『弘法大師空海と高野山の秘宝展』(高野山霊宝館編）二〇〇一
佐和隆研・中田勇次郎編『弘法大師真蹟集成』解説　法藏館　一九七四

岩波新書新赤版一〇〇〇点に際して

ひとつの時代が終わったと言われて久しい。だが、その先にいかなる時代を展望するのか、私たちはその輪郭すら描きえていない。二〇世紀から持ち越した課題の多くは、未だ解決の緒を見つけることのできないままであり、二一世紀が新たに招きよせた問題も少なくない。グローバル資本主義の浸透、憎悪の連鎖、暴力の応酬――世界は混沌として深い不安の只中にある。

現代社会においては変化が常態となり、速さと新しさに絶対的な価値が与えられた。消費社会の深化と情報技術の革命は、種々の境界を無くし、人々の生活やコミュニケーションの様式を根底から変容させてきた。ライフスタイルは多様化し、一面では個人の生き方をそれぞれが選びとる時代が始まっている。同時に、新たな格差が生まれ、様々な次元での亀裂や分断が深まっている。社会や歴史に対する意識が揺らぎ、普遍的な理念に対する根本的な懐疑や、現実を変えることへの無力感がひそかに根を張りつつある。そして生きることに誰もが困難を覚える時代が到来している。

しかし、日常生活のそれぞれの場で、自由と民主主義を獲得し実践することを通じて、私たち自身がそうした閉塞を乗り超え、希望の時代の幕開けを告げてゆくことは不可能ではあるまい。そのために、いま求められていること――それは、個と個の間で開かれた対話を積み重ねながら、人間らしく生きることの条件について一人ひとりが粘り強く思考することではないか。その営みの糧となるものが、教養に外ならないと私たちは考える。歴史とは何か、よく生きるとはいかなることか、世界そして人間はどこへ向かうべきなのか――こうした根源的な問いとの格闘が、文化と知の厚みを作り出し、個人と社会を支える基盤としての教養となった。まさにそのような教養への道案内こそ、岩波新書が創刊以来、追求してきたことである。

岩波新書は、日中戦争下の一九三八年一一月に赤版として創刊された。創刊の辞は、道義の精神に則らない日本の行動を憂慮し、批判的精神と良心的行動の欠如を戒めつつ、現代人の現代的教養を刊行の目的とする、と謳っている。以後、青版、黄版、新赤版と装いを改めながら、合計二五〇〇点余りを世に問うてきた。そして、いままた新赤版が一〇〇〇点を迎えたのを機に、人間の理性と良心への信頼を再確認し、それに裏打ちされた文化を培っていく決意を込めて、新しい装丁のもとに再出発したいと思う。一冊一冊から吹き出す新風が一人でも多くの読者の許に届くこと、そして希望ある時代への想像力を豊かにかき立てることを切に願う。

（二〇〇六年四月）

松長有慶

1929年和歌山県高野山に生まれる
1951年高野山大学密教学科卒業
1959年東北大学大学院文学研究科印度学仏教史学科博士課程修了，文学博士(九州大学)
高野山大学教授，同学長，大本山宝寿院門主，高野山真言宗管長を経て，高野山大学名誉教授，補陀洛院 名誉住職 前官．
2023年逝去．
主要著書 ―『密教』(岩波新書)
『空海』(同上)
『密教の歴史』(平楽寺書店)
『松長有慶著作集』全5巻(法蔵館)
『理趣経』(中公文庫)
『訳注 秘蔵宝鑰』等全6冊(空海著作シリーズ)(春秋社)

高野山 岩波新書(新赤版)1508

2014年10月21日 第1刷発行
2024年8月26日 第11刷発行

著 者 松長有慶《まつながゆうけい》

発行者 坂本政謙

発行所 株式会社 岩波書店
〒101-8002 東京都千代田区一ツ橋2-5-5
案内 03-5210-4000 営業部 03-5210-4111
https://www.iwanami.co.jp/

新書編集部 03-5210-4054
https://www.iwanami.co.jp/sin/

印刷製本・法令印刷 カバー・半七印刷

ISBN 978-4-00-431508-7 Printed in Japan

索　引

あ行

か行

さ行

た行

な行

は行

ま行

や行

ら行